여자가 봐도 예쁜 여자들

여자가 봐도
예쁜
여자들

이지원 지음 | 양태호 그림

시작하면서

어느 일요일 오후, 카페에서 작업을 하고 있었어요. 얼마 못 가 비가 추적추적 내리더군요. 사실 제겐 못된 버릇이 하나 있거든요. 기분이 센티해졌는데 혼자라서 그 기분을 나눌 수가 없을 땐, 옆 테이블의 이야기를 엿들어요. 그에 따르는 조마조마함과 미안함을 감당하는 건 제 몫이지만, 엿들을 대상은 하늘이 정해 주는 것이지요. 그날은 운이 좋게도, 서로를 바라보는 눈빛이 포근해 보이는 남녀가 자리했어요. 두 사람의 코와 코 사이의 거리가 60센티미터 안쪽? 그 정도면 심리적 거리가 꽤나 가까운 것 아니겠어요? 호기심이 발동한 저는 왼쪽 귀를 활짝 열어젖혔어요. 두 사람은 한참 동안이나 서로의 근황을 세세하게 탐색하더군요. 그때까지만 해도 그럭저럭 평화로운 분위기였는데, 이내 열심히 귀를 기울이지 않아도 대화가 잘 들릴 만큼 둘의 목소리가 고조되더라고요. 그건 '다른 여자 얘기'였어요. 그 다른 여자의 호칭은 '걔'였고요.

여자 걔가 노출이 심해. 근데 실력은 하나도 없어. 뭐…… 그래도 인기는 많아. 광고 섭외도 1순위거든. *(여자의 직업이 사진작가인 것으로 추측되었다.)*

남자 예쁜가 보네? *(끝을 올려 질문하는 말투였다.)*

여자 뭐, 그냥…… *(잠시 말끝을 흐리다가, 다시 확신에 찬 말투로)* 그것보다는 난, 업계의 본질을 흐리는 게 싫어!

남자 예쁜가 보네? *(여자가 답변을 피하자 재차 물었다.)*

여자 뭐…… 예쁘긴 하지. 네이버에 검색하면 나올걸? *(여자가 자신의 휴대전화를 넘겨주었다.)*

남자 *(재빠르게 휴대전화를 넘겨받고는)* 음, 예쁘네!

두 사람의 화제는 '개'에서 '예쁜 여자'로 넘어갔습니다. 양심상 그들의 말을 옮기는 것은 여기까지로 하고, 지금부터는 제 얘길 들려드릴게요. 정확히는 '예쁜 여자에게 상처 받은 이야기'입니다.

대학 시절, 저는 예정에 없던 자취를 시작하게 됐어요. 부모님의 갑작스러운 진로 변경으로 가족들과 함께 살던 아파트가 처분되면서, 파란 철문 주택 1층에 혼자 살림을 차렸지요. 그러다가 우연한 계기로 우리 과 퀸카라 불리던 H선배와 친해졌어요. H선배는 무척 예뻤기 때문에, 선배와 함께 다니면서 사람들이 보내는 지속적이고 규칙적인 시선이 주는 기분이 뭔지 알 수 있었어요. 초미세 전류가 찌리릿- 흐르는 느낌이랄까요? 그것은 분명 중독성이 있었죠. 급기야 어떻게 하면 선배와 조금이라도 많은 시간을 보낼까 궁리하는 지경에 이르렀어요.

선배와 친한 사이가 된 지 5개월 정도 지났을까요? 그즈음 과 체육대회를 마치고 잔디 구장에서 뒤풀이 판이 펼쳐졌어요. 한 시간도 채 지나지 않아 막걸리 한 짝이 비워졌고, "총무 뭐 하냐? 막걸리 떨어졌잖아!"라는 누군가의 외침을 틈타 하나둘씩 자리를 떴어요. 담배를 피우러, 볼일을 보러, 혹은 관심 있는 대상 옆자리로 옮기러 취한 청춘들이 어지럽게 움직였어요. 저도 아까부터 아우성치던 방광을 달래며 휴지 몇 장을 주머니에 찔러 넣고 자리에서 일어섰어요. 가까운 건물 화장실에는 만리장성 같은 줄이 형성돼 있었기 때문에, 망설임 없이 조금 떨어진 거리의 건물 화장실로 향했어요. 급한 와중에도 고개를 꺾어 하늘을 바라보았어요. 눈앞의 별들이 뱅글뱅글 돌아가는데, 기분이 막 좋아지더라고요. 대학생의 기분이란 이런 것이구나, 어른이 된 것 같아 어깨가 으쓱해졌죠.

"지원이, 요즘 걔 좀 눈꼴시지 않아? 자기가 H선배랑 같은 급인 줄 아나 봐?"
시원하게 소변보기를 마치고 좀 전보다 기분이 더욱 좋아진 상태였는데……. 아쉽게도 화장실 문밖에서 들리는 그 이름은 제 이름이 맞았어요. 사람과 사람 사이 급이 나뉜다는 데 암묵적으로 동의하는 뒷담화였죠. 저는 문을 박차고 나가기는커녕 그들의 목소리가 멀어질 때까지 작은 공간 안에서 몸을 바짝 웅크렸어요. 항의하지 못한 것은 동의한다는 뜻일까요? 당시엔 한참 동안 이 문제를 껴안고 끙끙거렸는데, 머리만 지끈지끈 아플 뿐 아무래도 답을 모르겠더라고요.

그로부터 십수 년이 지난 어느 여름, 가까운 사람이 '브런치'라는 글쓰기 플랫폼을 소개해 줬어요. 홈페이지에 들어가 보니 '글이 작품이 되는 공간'이라는 슬로건과 함께 섬세하고 세련된 디자인이 돋보이더라고요. 놀랍게도 당장 글을 쓰고 싶다는 정열이 불타올랐어요. 같은 요리도 어떤 접시에 담아내느냐에 따라 맛이 다르게 느껴지듯이, 블로그에 담아내는 글맛과 브런치에 담아낼 글맛이 같지 않을 거라는 기대가 들었어요. 작가 승인이 난 뒤, 저는 H선배와 있었던 일을 구구절절 써 내려갔어요. 그게 첫 글이었고 제목은 '여자가 봐도 예쁜 여자들'이었습니다.

작가 파울로 코엘료가 말한 초심자의 행운이 저에게 통했을까요? 그 글이 75만 조회수를 기록하면서 곧장 출간 계약을 했어요. 문제는 그때부터 발생했습니다. 저에게는 가볍고 경쾌하게 쭉쭉 써 내려갈 수 있는 글재주가 딱 한 편 분량만큼만 있었던 거죠. 제 안에 제대로 된 이야기가 없을까 봐, 겨우 찾는다 해도 정확히 표현할 수 없을까 봐, 의심스러워하며 여러 밤을 지새웠죠.

그러다 불현듯 한 권의 일기장이 떠올랐습니다. 서울시에서 집행하는 창업 지원 사업에 통과했다는 단순한 이유로 사표를 쓰고 상경했을 무렵에 썼던 것이죠. 당시 저는 6개월간 서울시의 지원을 받으며 만나고 싶은 사람들을 죄다 만나고 다녔어요. 일평생 좁은 인간관계를 고집하는 저 같은 인간 유형에게는 도전이자 곤혹이었죠. 처음엔 대부분 어느 대학 교수님, 어느 회사 대표님을 만나는 데 시간을 썼지만, 제가 지루한 걸 못 참는 편이거든요. 그래서 이후엔 책과 블로그, 페이스북을 뒤져서 끌리는 사람들을 만나고 다녔어요. 심장이 뻐근하게 아파질 만큼 강력한 영감을 주는 사람을 만나고 온 날 밤이면, 일기장을 몇 페이지쯤 채우고서야 만족하고 잠들 수 있었어요.

그 시절 제 일기장에 수집된 인물은 대략 200명쯤(*감동이 헤펐던 시절이라*) 되는데, 나름대로 구분하고자 5가지 유형으로 나눠뒀었거든요. 그중 하나가 이 책의 핵심 뼈대가 되었습니다. 바로 '분위기 미인'이라는 유형입니다. 거기엔 분위기 미인이라 불리기에 손색이 없을 만한 30명 남짓한 여성들이 살고 있는데, 들춰 볼 때마다 점차 제 인상이 바뀌는 걸 느껴요. "어떻게?"라고 묻는다면, 이렇게 답하고 싶습니다. 각양각색으로 떠오르는 그녀들의 잔상이 저의 미세 근육을 자극하고, 그로 인해 제 주변에 그녀들과 닮은 분위기가 형성되는 셈이라고요. 확신하건대, 그녀들을 떠올리는 시절과 덮어놓은 시절의 저는 다른 사람이에요.

——————— 분위기 미인들

SNS에서든 거리에서든 예쁜 여자들을 자주 목격할 텐데요. "진짜로, 진짜가 나타났다"라고 소리치게 만들 대상을 만나기란 쉽지 않죠. 저는 줄곧 그녀들을 '분위기 미인'이라고 불러왔습니다. 분위기 미인들은 비슷비슷한 메이크업, 헤어스타일, 패션을 학습한 여자들 사이에서 압도적인 몰입감을 줍니다. 주변으로 하여금 '와! 예쁘다!'와 같은 시각적 감탄을 넘어서는 '이 여자 누구지?' 하는 존재론적 호기심을 불러일으킨 후, 자신 안의 여러 모습을 자유롭게 드러내거든요. 이때 상대는 맹렬한 탐색 욕구를 느끼게 됩니다. 『인간발달의 통합적 이해』라는 책에서 루이스 브레거는 프로이트의 쾌락 이론을 설명하며, 오랜 시간 진화적으로 발달해 온 인간에게 사회적 본능 및 탐색 본능은 동기유발의 중요한 사항이라고 말했어요. 그런 까닭으로, 그녀들은 떨어져 있을 때조차 이상하게 자꾸 생각나는 방식으로 상대의 심부에 자신을 선명히 각인시킵니다.

분위기 미인들은 생김새, 체형, 목소리 모두 다르지만 결정적으로 하나같이 섹시했어요. 그녀들이 몸담은 '섹시함의 세계'에는 완벽하지 않아도 완전할 수 있으며, 강인함과 연약함을 시시때때로 드러내도 아무렇지 않다는 암묵적 동의가 있어요. 살짝 엿보기만 했는데도 '아, 그래도 되는 거구나', '그럼에도 충분히 아름답구나' 하는 자각이 생기면서 세상이 달리 보이더라고요.

분위기 미인들은
자기 소신을 지킬 때 깊은 쾌감을 느낀다.

분위기 미인들은
마음이 방처럼 단정하길 바라
깨끗하게 청소하는 시간을 가진다.

분위기 미인들은
극적인 것보다는
차곡차곡 쌓이는 것의 아름다움을 높게 산다.

분위기 미인이라는 게, 깨끗한 피부나 저칼로리 요리같이 비교적 간단하게 이해할 수 있는 개념이 아니라서 설명하기를 포기하고도 싶었어요. 그럼에도 이 개념을 알아가려고 시간을 할애하다 보면 실질적인 이득이 생긴다는 걸 저 자신이 경험했거든요. 고민 끝에 설명하기보다는 보여주는 방식을 선택했습니다. 제가 가진 것 중 가장 개인적인 것─ 일기장에 숨겨둔 분위기 미인들의 내밀한 일상이 담긴 이야기를 가능한 한 생생하게 들려드릴게요.

　고려대 심리학과 박선웅 교수는 저서 『정체성의 심리학』에서 한 사람을 알기 위해 필요한 건 명사名詞가 아니라 이야기story라고 했습니다. 저 사람은 어디에 사는 사람, 저 사람은 어느 직장에 다니는 사람, 저 사람은 무슨 차를 타고 다니는 사람 등과 같은 명사로는 누구도 규정할 수 없다는 거죠. 대신 그 사람의 인생 이야기를 들으면 똑같이 의사가 되고 싶어 하더라도 그 개인의 이유를 알 수 있다고요. 제 생각엔 그 이유를 직관적으로 보여주는 것이 바로 '개인이 내뿜는 분위기'입니다. 그것은 뭐라 선뜻 설명하긴 힘들지만, 분명히 느껴지고, 또 대단한 영향력까지 가졌죠.

　누구나 매력적인 사람이 되고 싶죠. 그건 누군가의 눈매처럼 성형을 한다고, 누군가의 다리 근육을 갖기 위해 운동을 한다고, 누군가와 같은 귀걸이를 착용한다고 해서 곧장 얻을 수 있는 게 아닙니다. 이 책과 함께 분위기 미인을 알아보는 눈썰미를 기르고, 때때로 감각을 곤두세워 당신 안의 고유성을 살뜰히 챙기다 보면, 타고난 예쁨을 훌쩍 능가하는 당신만의 분위기가 짙어질 겁니다. 그 분위기에 매료된 누군가는 당신에게 이렇게 말하겠지요.

여자가 봐도 예쁜 여자들

66

당신보다 예쁜 여자는 있어도
당신처럼 예쁜 여자는 당신밖에 없습니다.

99

이 책의 구성과 읽는 법

8가지 색상의 분위기 미인, 나는 어떤 색상의 미인일까?

우리 모두는 내면에 분위기 미인의 특성을 가지고 있습니다. 이 책에서는 그 특성을 8가지로 분류하고 각각에 알맞은 색상을 부여한 후, 가상 캐릭터를 중심으로 풀어냈습니다.

각 장은 들어가는 말, 캐릭터 스토리(초단편 소설), 분위기 미인에 대한 설명 및 조언(첫인상, 연애관, 인생관에 관하여)으로 이루어져 있습니다.

특히 '초단편 소설'인 캐릭터 스토리는 제가 열심히 관찰한 분위기 미인들을 색깔별로 분류한 뒤 엮은 결과로 탄생한 캐릭터들의 이야기입니다. 머리로 이해한다고 분위기 미인으로 거듭날 수 있는 것이 아닙니다. 마음으로 이해하고, 내 깊은 곳의 자아 정체감에서부터 변화가 일어나야 합니다. 이를 위해 8가지 분위기 미인의 특성을 캐릭터로 재탄생시켰습니다. 유독 마음이 가고, '어, 내가 이런 데?' 싶은 캐릭터가 있나요? 그렇다면 당신이 가진 분위기 미인의 색상을 찾은 것입니다. 그 색상은 하나일 수도, 여러 개일 수도 있습니다.

읽는 것만으로 달라질 수 있다면…자연스럽게 나를 변화시키는 스토리텔링의 힘

내 몸에 딱 맞는 옷을 입으면 사람이 달라 보이듯, 내 성격과 특징에 맞는 캐릭터를 통해 사람은 완전히 달라질 수 있습니다. 초단편 소설에 이어 '분위기 미인의 첫인상, 연애관, 인생관'을 읽다 보면 자신 혹은 내 주변 사람의 색상이 더욱 선명하게 느껴질 것입니다.

그리고 마침내 책을 덮는 순간, 변화는 내면에서부터 일어날 테죠. 표정과 자세부터 바뀌어 어쩌면 그날 당장 "어딘지 달라 보인다."는 말을 들을지 모릅니다. 흔히 사랑에 빠지면 예뻐진다고 하지요, 자신과 사랑에 빠지면 스스로 인생이 달라지는 기적을 경험할 수 있습니다.

자, 이제 제가 정성껏 준비한 이야기를 들려줄 시간입니다. 8가지 분위기 미인을 대변하는 8명의 캐릭터와 그녀들의 이야기를 시작하겠습니다. (각 캐릭터의 인물화는 특정 개인과 무관하며 양태호 화가의 창작물임을 밝힙니다.)

차례

강렬하고 단정한, 빨간색 분위기 미인

귀엽고 발랄한, 노란색 분위기 미인

청량하고 맑은, 파란색 분위기 미인

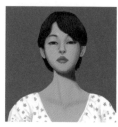

순수하고 엉뚱한, 분홍색 분위기 미인

단호하고 기품 있는, 검은색 분위기 미인

제1장

강렬하고 단정한,
빨간색 분위기 미인

캐릭터 소개
최은수
그녀의 소신 "완벽한 루틴을 좋아합니다"

빨간색은 심리적으로 느슨하고 여유로우며, 부드럽고 온화하다. 동시에 가장 역동적이고 자극성이 강하며, 흥분을 표현하는 격렬한 색이다. 이 색은 강렬한 이미지로 사람들의 감각과 열정을 자극하며, 자기 확신과 자신감이 보다 강하게 전달된다. 특히 빨강은 사랑을 상징하는 색인 동시에 분노와 복수의 색이기도 하며, 이런 의미 중에서 가장 대표적인 색이다. ─ 문화예술기획자 박현일

연상의 여인

빨간색 분위기 미인은 사람들의 시선을 확 잡아끄는 강렬한 에너지를 가졌어요. 의도하지 않았더라도, 일순간 모두가 자신을 주목하게 합니다. 그러한 선명한 존재감은 일 처리에도, 자기 관리에도, 어느 것 하나 소홀함 없이 완성하려는 집념과 의지로부터 나와요. 그 결과 그녀 인생에 성취 좌표는 놀라울 만큼 성큼성큼 찍히죠. 주목을 받아서 잘하게 된 것인지, 잘하다 보니 주목을 받게 된 것인지는 몰라도, 어쨌든 빨간색 그녀가 자기 인생의 핸들을 꼭 붙잡고 원하는 정거장마다 정확한 시간에 도착하는 모습은 한마디로 경이로워요. 늘 빨간색 그녀들을 동경해 왔던 제 입장에선 멋있기도 했지만, 한편으론 안쓰럽기도 했거든요. 세상에 공짜가 없다는 건 세 살배기 아이도 아는 사실인데, 그렇게 빠짐없이 다 이루고 사는 인생이 얼마나 고단할까, 그런 염려가 들어서요.

그러나 지난 몇 해 동안 빨간색 그녀들과 밀접하게 가까워질 기회를 얻고 보니, 정말이지 그건 그냥 저의 오지랖이었어요. 얼핏 다 이루는 것 같아 보였지

만, 실은 정말 중요한 것만 남기고 죄다 버리며 살아가더라고요. 그렇게 최종적으로 남은 것에다가 자기 에너지를 몽땅 쏟아붓는데, 그게 어떻게 잘 안될 수가 있었겠어요. 정리해 보면, 빨간색 그녀들은 스스로가 지금 어딜 향하고 있는지 정확히 알고, 가장 빠르게 도착할 수 있는 경로를 설정하고, 뒤 같은 건 돌아보지 않고 '직진'하는 사람들입니다.

빨간색 그녀들의 이미지 하나하나가 선명하게 남겨진 날이 있었는데요. 그날은 낯선 이들과 낯선 집에서 놀기로 한 날이었어요. 그건 일종의 여행 서비스였는데, 가정집 거실에서 집주인의 취향을 나눈다는 독특한 콘셉트로 진행됐어요. 단발성으로 참여하는 거라서 '맘껏, 아무 얘기나' 해도 될 것 같은 일탈의 기분으로 남의 집 거실에 들어섰어요. 집주인이 구경해도 좋다고 해서 찬찬히 둘러보는 시간을 가졌는데, 누군가 그랬어요. "우아! 여기, 응답하라 드라마 세트장 같아요!" 집주인은 응당 나와야 될 반응이라는 듯, 그러나 짐짓 놀라는 척하며 그 정도는 아니라고 손사래를 쳤어요. 저도 거기가 맘에 들었어요. 잠깐이지만 옛날로 돌아간 것 같은, 약간 어려진 것 같은 착각이 들었거든요. 그때부터 아련하고 말랑한 그 기분을 꼭 붙잡은 채 달고 맵고 짠 음식을 차례차례 비우고, 레드와인을 왈칵왈칵 물처럼 마시고, 까르르 배꼽이 빠질 정도로 웃었지요. 그러던 중 무작위로 음악이 재생되던 스피커에서 〈Kissing you 로미오와 줄리엣 OST〉가 흐르자 적막이 찾아왔어요. 누군가 넌지시 말했어요. "우리 첫사랑 얘기할래?" *(다들 아까부터 말을 놓고 있었다.)*

우리들의 첫사랑들에겐 공통점이 하나 있었어요. 실제로 연상이거나, 누가 봐도 어른스럽다는 거였어요. 그땐 모두 다 꼬맹이였으니까 어른의 세계에 대한 막연한 동경이 있었을 테죠. 대화의 흐름은 '대체 어른스럽다는 건 뭔가'로 흘렀고, 그 요소요소를 갖추는 건 상당히 거추장스러운 일이다, 그렇다고 그걸 내팽개치고 만년 어린애로 사는 인생은 남에게 피해 주기 십상이다, 그러니까 미우나 고우나 내 안에 어른을 잘 길러내야 한다는 결론에 이르렀고요. 그렇다면 다시 원점으로 돌아와 '대체 어른스럽다는 건 뭔가'에 대해 얘기해 보자 했지요. 그런 다음 자신들의 첫사랑에게서 배운 지혜를 하나씩 나눠줬어요.

❝ 누나는 고지식해 보였지만 다른 어른들과는 달리 말이 통할 것 같은 느낌을 줬어. 잘하면 장난까지 통할지 모른다는 기대감도 줬고.

❝ 놀랍게도 매일 아침 똑같은 시간에 달리기를 하더라고. 어떤 날은 늦잠도 자고 싶고 했을 텐데 말이야. 매일 똑같은 하루를 꾸역꾸역 살아간다는 거. 유혹 앞에서 매번 재패당하지 않고 절제를 몸소 실천하는 거. 저런 게 어른스러운 거구나, 알게 됐지.

❝ 걘 내 짝이었는데 공부도 잘하고 예쁘고 집도 잘 사는 그런 애였거든. 어찌나 공부를 열심히 하는지 방해하면 안 될 것 같은 그런 학구적인 분위기를 풍겼단 말이지. 근데 그러다가도 내가 조금 울적해 보인다 싶으면 말이야, 날 다독이려고 그날 자기 점심 도시락 메뉴를 미주알고주알 읊어대는 거야. 내 기분은 곧장 풀렸지. 시도 때도 없는 다정함 말고 때를 아는 다정함, 걔한텐 그런 게 있었어.

❝ 그녀는 좋은 게 생기면 잘 아껴뒀어. 힐끔힐끔 들춰 보는 일도 없었어. 그땐 그게 그렇게 신기하더라. 난 막 빨리 써버리고 싶고 얼른 먹어버리고 싶고 그랬는데, 자기가 정한 날까지 용케 잘 참더라고. 나중에 알게 됐지. 억지로 참기만 한

건 아니었구나, 그녀는 기다리는 재미 같은 걸 알고 있었구나 하고 말이야.

애길 다 듣고 보니 어른스러움은 결국 자기 통제와 자기 절제로부터 나오는 거더라고요. 빨간색 그녀는 그걸 참 잘하는 사람이고요. 그렇지만 아무리 건강한 사람이라도, 아무리 견고한 사람이라도, 대책 없이 와르르 무너져 버릴 때가 있잖아요. 그 까닭은 대체로 뭔가를 혹은 누군가를 상실했기 때문인 경우가 많은데, 그렇게 상실감을 느꼈을 때의 태도가 그 사람의 미래인 것도 같아요. 그럴 때일수록 한 호흡 길게 내쉬며 자신을 추스를 것. 다음 발걸음은 어느 쪽으로 내디딜지 명확하게 바라볼 것. 가능한 한 어제와 같은 일상을 유지할 것. 빨간색 그녀가 늘 '직진'할 수 있었던 이유도 바로 거기에 있었고요.

그리고 여기, 삶의 어느 길목에서 상실감을 마주하고 갈팡질팡하는 여자가 있습니다. 강렬하고 단정한 색 〈빨간색 분위기 미인, 최은수〉의 이야기를 시작하겠습니다.

빨간색 분위기 미인,
최은수
(편안할 은隱, 지킬 수守)

"완벽한 루틴을 좋아합니다"

완벽한 일주일의 시작은 일요일 정오부터다. 최은수도 사람이라서 토요일 저녁부터 일요일 오전까지는 약간 흐트러졌다. 말하자면 자유 시간이다. 그때그때 내키는 걸 했다. 그래 봤자 일정 없이 늦게 자고 늦게 일어나는 코스나 취향에 맞는 전시, 영화, 연극, 뮤지컬을 관람하는 코스, 또는 가까운 곳으로 기차 여행을 다녀오는 코스 중 하나였다. 그리고 일요일 정오가 되면 칼같이 옥상으로 올라가 퍽퍽- 소리 나게 이불을 털었다. 극세사 이불 사이에 촘촘히 끼어 살던 먼지들이 화들짝 놀라면서 펄럭펄럭 날아갔다. '안녕, 잘 가!' 먼지들을 보낸 자리에 차갑고 싱싱한 바깥공기를 잔뜩 묻히면 이불의 섬유조직이 쫀쫀하게 복원되었다. 그 촉감은 최은수의 발걸음을 재촉하는 촉매제 역할을 했다. 얼른 내려가서 집안의 다른 먼지들도 보내줘야지!

부재중 전화가 와 있었음을 안 건 오후 1시경이었다. 타조 털 먼지떨이로 티브이 위, 냉장고 위, 책상 위, 난간 위를 치고 다닌 후였다. 이따금씩 정전기가 항의하듯 탁탁 소리를 질렀지만, 그럴수록 최은수는 더욱 엄격한 자세로 임했다. 이 집 안에 단 한 톨의 먼지도 용납할 수 없다는 듯, 사정없이 후려쳤다. 핸드폰을 손에 쥔 이유는 H마트의 오늘 자 할인 정보를 확인하기 위해서였다. 033으로 시작하는 낯선 번호가 핸드폰 화면에 떠 있었다. 끝에 (3)자를 매달고선. 세 번 연속으로 전화를 걸었던 모양이다. '일요일에? 누구지? 아니, 어디지?' 최은수는 발신 버튼을 눌렀다. "네, 원주 경찰서 교통조사계입니다." 자신을 그렇게 소개한 상대편은 도로 결빙으로 인한 6중 추돌사고가 있었다면서 이쪽의 신원을 물어왔다. 최은수가 이름과 생년월일을 밝히자, 전화기 너머 경찰관이 옅게 침 삼키는 소리를 냈다. "먼저 이런 소식을 전하게 되어 유감입니다. 대면 통지를 원칙으로 하고 있습니다만, 계신 곳이 경기도로 확인되었습니다. 부득이하게 유선으로 알려드리게 되었습니다. 지난 새벽 운전자 최은혁 씨와 뒷좌석에 자리한 김은지 씨, 양혜자 씨가 교통사고로 사망했습니다."

추석 이후로 메시지 하나 주고받지 않았던 가족들의 이름이 골고루 들려왔다. 남동생과 올케, 그리고 새어머니였다. 경찰관이 알려준 주소지는 강원도였다. 고속버스와 택시를 연달아 타고 뛰어서 병원에 도착할 때까지 그 아이 생각은 하지 못했다. 그 아이가 태어난 날도 오늘같이 추운 겨울이었다. 남동생과 올케는 아이를 갖지 않겠다고 선언했었는데 결혼한 지 1년 만에 출산 소식을 전했다. 그때는 최은수도 곧 결혼할 것이라고 생각하고 있었기 때문에 그 일이 예사롭지 않게 보였다. 결혼도 결혼이지만 자녀를 갖는다는 건 어떤 걸까? 자녀는 생기는 것일까, 계획하는 것일까? 그렇다면 동생네 부부는 계획이 바뀐 것인가? 이런 궁금증이 있었지만 당연히 묻지는 않았다. 얼마 후 올케는 들뜬 얼굴로 그 아이의 이름을 알려줬다. '영원'이랬다. 그 이름 덕분이었을까? 영원이는 영유아용 카시트 안에서 기사회생하여 응급수술을 마치고 회복실로 옮겨졌다고 했다. 응급실 간호사로부터 그 말을 전해 들은 최은수는 놀란 가슴을 쓸어내리며 안도했다. 동시에 슬쩍 걱정됐다. '그럼…… 내가 그 아일 키우게 되는 건가?'

식구의 의미

장례식장에서 최은수는 내내 담담해 보였다. 눈물 자국 하나 없는 마른 얼굴과 단정한 상복 차림으로 빈소를 지켰다. 다양한 조문객이 다녀갔다. 사촌과 팔촌, 남동생의 직장 동료, 올케의 친정 식구, 새어머니의 동창까지. 세상천지에 이런 날벼락이 어디 있느냐며 슬픔과 위로를 전하고 갔다. 그렇게 조용하고 침통한 분위기를 깬 건 50대 정도로 보이는 중년 사내였다. 사내는 한 마리 벌처럼 날아들어와 최은수에게 쌍욕을 퍼부었다. 저런 독한 년을 보라면서, 일찍이 검은 머리 짐승은 거두는 게 아니랬다고, 아무리 배가 달라도 그렇지 지(최은수)가 사람이면 저렇게 매정할 수가 있느냐고, 그간 저 시커먼 속으로 무슨 작정을 해왔는지 알 게 무엇이냐고. 소리를 고래고래 지르던 사내는 갑자기 새어머니의 영정 사진 앞으로 가서 철퍼덕 엎어졌다. "누나! 누나! 어쩌자고 이리 일찍 가셨소. 누구 좋으라고 이리 일찍 가셨소." 하나둘 이쪽을 보는 눈이 많아졌다. 순식간에 최은수는 오늘날을 위해 수십 년을 기다려 온 용의주도한 범죄자가 되어버렸다.

물론 허튼소리였지만, 죽은 사람의 영혼과 슬픔, 분노가 뒤엉킨 이곳 장례식장에서는 사내의 주장이 꽤 일리 있게 들렸다. 그것은 아버지의 재산 상속 문제였다. 유언이 없을 경우 재산의 60%를 계모가, 나머지는 자식들이 나눠 갖게 된다. 그 경우 최은수의 몫은 20%였다. 하지만 아버지는 최은수에게 50%를 상속하도록 유언을 남기셨다. 문제는 구수 유언이었다는 점이다. 구수 유언이란 2인 이상의 증인에게 입으로 말한 것을 필기하여 낭독하는 방식의 유언인데, 7일 이내에 법원에 제출해야 효력이 발생한다. 그때 그 증인 중 한 명이 바로 사내였다.

사내는 법원 출석에 협조하지 않았고 아버지의 유언은 무효화되었다. 최은수의 이마에 '빵' 하고 터질 것만 같은 실핏줄이 섰다. 돈 앞에서 적극적으로 비겁해지는 그들의 행태가 역겨웠다. 함무라비 법에 따르면 한 사람이 다른 사람의 눈을 상하게 했다면, 그의 눈을 상하게 하라고 했다. 이른바 눈에는 눈, 이에는 이라는 복수주의 원칙이다. 이틀 뒤 최은수는 휴대폰에 녹음된 아버지의 목소리 파일을 증거로 그들을 고소했다. 결국 최은수에게 50%의 상속이 확정되었고 사내는 처벌받았다. 사내는 그때의 억울함과 원한을 다 풀고 가겠다는 듯이, 또 소리를 지르기 시작했다. 최은수의 단전에서부터 뜨거운 용암 기운이 올라왔다. 할 말과 돌려줄 말은 많았지만 김장김치 배추 속을 꾹꾹 눌러 담던 할머니처럼 야무진 호흡으로 화를 눌렀다. 이럴 땐 무응답이 최선이었다. 오직 망인의 명복을 비는 것이 제 할 일이라는 듯, 좌중을 무시하며 빈소를 지켰다.

발인은 셋째 날 오전 9시였다. 기온은 많이 떨어졌지만 날은 맑았다. 장례지도사의 권유로 수목장을 선택했는데 소란했던 어제와 달리 차분하게 이어졌다. 세 사람의 이름이 새겨진 나무패를 나뭇가지에 하나씩 걸면서 최은수는 생각했다. 이들도 나를 유족으로 생각할까? 가족 여행을 떠나기 직전에 나를 한 번이라도 떠올렸을까? 원망하는 것이 아니라, 이 역할을 자기가 하는 게 옳은지 타당성을 따지는 중이었다. 그리고 떠오른 얼굴은 영원이었다. 대퇴골과 상완골 등 두어 군데 골절 부위가 있긴 하지만, 상태가 심각하지 않아 일주일 정도면 퇴원도 가능하겠다고 담당의는 말했다. 퇴원하면 나랑 개랑 같이 사는 건가? 당연하다고 여기기엔 많이 어색한 일이었다. 음…… 그때 새어머니도 나랑 같은 기분이었을까?

새어머니를 처음 만난 것은 시내에 있는 경양식 집이었다. "네가 은수구나?" 최은수는 갓 튀겨져 나온 돈가스를 한입 가득 물고 고개를 끄덕였다. 그날 상견례를 위해 할머니가 특별히 신경 써서 입힌 하얀색 펀칭 레이스 원피스에 돈가스 부스러기를 흘릴까 봐 최대한 입을 벌리고 돈가스를 한 조각씩 집어 먹었다. 그 자리에는 어른 다섯 명에 아이는 최은수 하나였다. 한 시간 남짓 식사를 하는 동안 모두가 예의를 갖추고 대화했다.
그해 10월부터는 유치원 마치는 시간에 할머니 대신 새어머니가 최은수를 데리러 왔다. 초록색 물방울무늬 옷을 입은 새어머니가 방긋 웃으며 최은수의 손을 잡고 유치원 문을 나서면 친구들이 부러워하는 눈빛을 보내왔다. 하지만 최은수는 새어머니의 손끝에서 전해 오는 간질간질한 느낌이 정말 싫었다. 그저 어색했고, 어색했고, 또 어색했기 때문이다.

새어머니의 손을 잡고 슈퍼를 지나 세탁소에 들른 뒤 놀이터를 돌았다. 길목마다 만나는 동네 어른들은 은수 아비가 새 장가를 참 잘 갔다는 칭찬을 툭툭 던져줬다. 드디어 마지막 골목 어귀를 지나 대문 앞에 도착하면, 찰칵하고 열리는 문소리와 함께 마치 잠겨 있던 수갑이 풀리듯 새어머니와 잡은 두 손을 풀었다. 새어머니는 바삭바삭한 수건을 내밀며 최은수의 등을 욕실로 밀었다. 손부터 씻으라는 말이었다. 지금 생각하면 그것도 하나의 애정이었는데, 그렇게 새어머니의 사랑을 독차지한 것도 고작 1년이었다. 다음 해에 남동생이 태어났기 때문이다. 최은수의 기억에 의하면 이후로는 뭘 하든 혼자 하는 게 일상다반사였다. 간간이 힘들거나 외롭기도 했지만 솔직히 어색한 관심을 받는 것보다는 한결 편했다.

그러나 문제는 따로 있었다. 새어머니 그리고 남동생과 함께 썼던 주방과 거실은 몇 해가 지나도 낯선 공간이라는 점이었다. 그들 사이에 섞여 있을 때 생기는 오묘한 공기를 주워 삼키고 있다 보면 혼자 이 가족에 겉도는 듯했다. 어린아이의 눈치로 최대한 냉장고 문도 살며시 열고 텔레비전 채널도 가끔만 돌리려 노력했다. 그렇게 한참 애를 쓰다가 자기 방에 들어가면 알 수 없는 허기가 밀려왔다. 그 시절 자주 먹던 것이 천하장사 소시지였다(*지금도 빨간 줄을 두른 천하장사 소시지를 보면 벗겨 버리고 싶은 충동이 든다*).

어느 날 학교에서 가정환경조사라는 걸 했다. "모두 눈 감으세요. 집에 비디오 있는 친구들만 손 들어요!" 담임선생님이 속삭이듯 물어왔다. 사그락사그락, 옷자락

스치는 소리로 반 친구 중 누군가가 손을 들었다는 걸 알 수 있었다. 최은수는 어린 궁금증에 실눈을 뜨고 싶었지만 비밀은 지켜져야 한다는 정의감으로 더 세게 눈을 감았다. "다음, 식구가 다섯 명 이상인 친구들 손 들어요!" 담임선생님이 이 질문을 했을 때 최은수는 오른팔을 엉거주춤하게 올린 채로 으앙! 울음을 터트렸다. '식구'■ 라는 말 때문이었다. 엊그제 국어 시간에 배운 바, 식구란 한 밥상에서 밥을 먹는 사람이라던데 단 한 번도 한 밥상에서 밥을 먹어본 적이 없는 돌이 갓 지난 남동생은 포함되는지, 1년에 열 달 이상 출장으로 집에 안 계신 아버지는 어찌해야 할지, 옛날엔 매일 같이 먹었지만 요즘엔 일주일에 한두 번쯤 같이 먹는 우리 할머니는 또 어찌해야 할지, 이 어렵고 복잡한 문제를 풀 자신이 없어진 어린 최은수는 울어 버렸다.

_____ **이별의 이유**

국문학과나 경영학과를 졸업한 고등학교 동기들은 초봉이 3천만 원이 넘는 최은수에게 전문직이라 부럽다고 했다. 하지만 집에서 1시간 30분이나 걸리는 출퇴근 거리에, 열흘 간격으로 밤낮이 완전히 바뀌는 3교대 근무, 거기다 샌들 뒤축이 남아나질 않게 뛰어다니면서도 한 치의 오차도 허용하지 않는 간호사 차팅까지 해내야 하는 속사정을 알면 부럽지 않을 터였다. 그때까지 최은수의 목표는 뚜렷했다. 새어머니와 사는 집에서 독립하는 것이었다. 아니다. 내심으로는 남자 친구 '재이'와 함께 살 집을 바라고 있었다. 그러기 위해서는 돈을 모아야 했고, 대기업 계열의 종합병원에서 주는 연봉은 다른 것들을 감수하기에 충분한 조건이었다.

식구[members of a family , 食口 , かぞく(家族)] ① 한 집안에서 같이 살면서 끼니를 함께 먹는 사람

7년짜리 정기적금의 만기일을 한 달 앞둔 날이었다. 주말 내내 '이제 완전 봄'이라며 감탄하다가, 월요일 아침 출근 준비를 하면서는 겨울 코트를 만지작거렸다. 창밖으로 아질아질하게 피어오르는 유채꽃이 눈에 밟혀 결국 봄 재킷 입은 몸통으로 바들바들 떨면서 출근했다. 그날따라 수간호사님의 지병*(지랄병)*이 심해져서 숨을 쉴 때마다 꼬투리가 잡히는 일과가 이어졌다. 점심때를 놓친 최은수가 소보로빵 하나를 입에 물고 가늘게 뜬 눈으로 4월의 3교대 근무시간표를 확인했다. 데이(D), 이브닝(E), 나이트(N)를 뜻하는 3가지 약자가 최은수의 한 달을 결정할 것이었다.

그때 핸드폰 진동이 울렸다. '오늘 볼까?' 재이에게서 문자메시지가 왔다. 그날부터 아침 8시에 출근해서 저녁 6시에 퇴근하는 데이(D) 근무가 시작된다는 걸 알고 온 문자였다. '응.' 최은수가 답장을 보냈다. 서로의 하루를 자신의 하루처럼 꿰뚫고 있으며 작은 취향 하나까지도 꼭 같았던 오래된 연인에게 "응", "좋아", "그래" 같이 영어의 "OK"를 뜻하는 간결한 대화는 일상이었다. '오늘은 집 앞에서 기다릴게.' 재이가 한 번 더 문자를 보내왔다. 오늘은? 집 앞에서? 평소와 다른 뉘앙스가 보였지만 최은수는 왜냐고 묻지 않고 다시 '응'이라고 답장했다.

재이의 용건은 이별 통보였다. 누군가 이렇게 조언했던 것 같다. 헤어지는 데 이유 같은 건 없는 거라고. 어느 날 한 사람이 둘 사이의 도저히 메울 수 없는 틈을 발견하면 이별을 말하는 거라고. 그게 돈 문제건, 이성 문제건, 성격 문제건 범주는 중요하지 않으니 그것까지 알려고 하지 말고 그저 받아들이라고. 하지만 최은수는 이유를 묻기로 했다.

"…… 재이야."

"응…….'

"말해 줘, 뭐 때문인지. 알고 싶어."

"그냥, 더 이상 네 남자 친구……. 아니, 네 옆자리에 있을 자신이 없어."

"요즘 너, 좀 힘들어하는 건 알고 있었어. 그래…… 시간은 좀 걸릴 수 있지. 근데 직장은 다시 구하면 되는 거잖아. 난 너 믿으니까 다 기다릴 수 있고! 또 기다리고 있었어. 그러니까 조급해하지 말자, 우리. 응?"

"아니…… 그런 거 아니야. 좀 더 솔직히 말하면 좀 숨 막혀. 네가 뭘 어째서가 아니라 그냥 네 옆에 있는 게 숨 막혀. 넌 뭐든 완벽하잖아. 너처럼 멋진 여자가 내 여자라는 거 자랑스러워. 근데 내가 그걸 못 따라가겠어. 이젠 좀 편하게 살고 싶어."

"누가 나 따라오래? 난 지금의 너도 좋아. 그래서 만나왔고 만나고 있는데!"

"그만하자. 미안하다. 내가 못난 놈이라서."

이튿날 최은수는 퉁퉁 부은 얼굴로 출근했다. 깜짝 놀란 김 간호사가 최은수를 복도로 데려가서 무슨 일이냐고 꼬치꼬치 캐물었다. 사정을 듣고 난 김 간호사는 찰진 목소리로 말했다. "뭐, 숨이 막힌다고? 종로에서 뺨 맞고 한강에서 눈 흘기고 자빠졌네. 제 일이 안 풀리는 걸 가지고 어디 와서 화풀이야? 그럼 너 떠나서 숨통 트고 좀 살아보라 그래! 어디 가서 굶어 죽기 딱 십상이지." 김 간호사는 욕을 바가지로 해대면서도 최은수의 등을 다정하게 두들겼다. "그나저나 이 얼굴로 수쌤 수간호사 따라 아침 라운딩 돌면 오늘 일진 사나워진다. 응급 사직무단결근 할 거 아니면 이렇게 해봐. 내가 술 먹은 다음 날 부기 빼는 방법인데, 효과가 진짜 좋아."

김 간호사는 양팔을 아래로 축 늘어뜨리고 엉덩이를 살짝 낮춘 자세로 천장을 향해 폴짝폴짝 뛰었다. 가능하다면 턱에도 힘을 빼는 게 좋다면서 혀도 날름 내밀었다. 이것의 이름은 오랑우탄 체조랬다. 최은수는 큭― 웃으며 생각했다. 아무리 효과가 좋아도 난 저건 절대 못한다. 아니, 안 할 거야. 제 꼴이 우스워지는 게 싫었다. 어제로도 모자라 오늘까지 그러면 그간 쌓아온 것들이 와르르 무너질 것만 같았다. "괜찮아요. 저 오늘 그만두려고요." 저절로 튀어나온 말이었다. 그런데 뱉어 놓고 보니 나쁘지 않았다. 둘이길 희망했으나 혼자가 되었으니 혼자 살 길을 찾으면 될 일이었다.

이후로 최은수는 8급 간호 공무원 시험 준비에 올인all in 하기로 했다. 올인은 최은수의 특기이자 장점이었지만, 이 시험에 관해서라면 흉흉한 소문이 많았다. 몇 년씩 공부하고 결국 포기한 이도 있다더라, 작년 합격선이 90점을 넘었다더라, 0.01점 차이로 떨어지기도 한다더라, 합격해도 보건소에 정식 발령이 나기까지 기약 없이 시립병원에서 근무를 해야 한다고도 했다. 이번에도 최은수의 목표는 명확했다. 혼자서도 잘 자는 것이었다. 3교대 근무에 시달리던 몸이 불쑥 반항하듯 말을 안 듣는 때가 있었다. 갑작스러운 소나기에 옷이 젖은 사람처럼 몸 전체가 무거워졌다. 느낌적인 느낌으로 그런 게 아니라, 이유 없이 체중이 2~3킬로그램씩 차이가 나곤 했다. 그걸 그냥 두면 하루 이틀 후에 통증이 생겼다. 처음엔 손가락 마디가 저리다가 차츰 흉통까지 생겼다. 통증이 눈썹 뼈 근처까지 올라오면 갈 데까지 갔다는 심정으로 재이를 찾았다. 재이의 가슴팍에 얼굴을 묻은 채 아로마테라피 하듯 코끝에 힘을 주고 깊은 호흡을 서너 번쯤 하고 나면 목덜미와 양어깨 근육이 스르륵 풀어졌다. 무엇에도 기대는 법이 없는 최은수가 그 아늑함에 기대어 몇 번이나 살아났다는 걸, 재이는 알았을까? 어쨌든 최은수는 단념을 위해서, 혼자 잘 자는 밤을 위해서, 정시 출퇴근을 위해서, 하루 14시간씩 앉아서 집중하고 또 집중했다.

정확히 1년 6개월 만에 합격했다. 그리고 이듬해 가을에 보건소 발령을 받았다. 보건소는 커다란 느티나무를 중심으로 작은 주택단지를 이룬 곳에 있었다. 공인중개

사는 신혼집을 구하느냐고 물었고 최은수가 아니라고 하자, 그럼 더 볼 것도 없다는 듯이 말했다. 이 근방에는 아가씨가 세 들어 살만한 집이 없을 거라고. 보시다시피 전원생활에 최적화된 고급 빌라들이라면서. *(지하철 노선표를 짚으며)* 이쪽으로 가면 가격이 낮은 신축 빌라가 있으니 가보자면서 자동차 열쇠를 호주머니에 찔러 넣었다. 그때 거의 기적적으로 미래의 주인아주머니가 부동산 문을 열고 등장했다. 그리고 약간은 부끄러워하는 얼굴로 우리 아들이 장가를 간다면서, 1층 별채를 내놓으려면 어떻게 해야 하느냐고 물었다. 그 대답을 최은수가 해버렸다. 제가 현금으로 가진 돈도 꽤 있고 공무원 전세 자금 대출을 받으면 추가로도 가능하다고, 진짜 내 집처럼 정말로 깨끗하게 살 자신이 있다 했다. 주인아주머니 입장에서는 깔끔해 보이는 젊은 아가씨가 말도 예쁘게 하는데 마다할 이유가 없었다.

1층 별채는 작은 평수였지만 단정한 구조로 짜여 있었다. 3층 옥상 텃밭에는 고추, 상추, 오이, 방울토마토 등 웬만한 야채는 없는 게 없었는데, 주인아주머니는 하루에도 열두 번씩 거길 오르내렸다. 오며 가며 마주치면 그 야채가 대화의 소재가 되었다가 나눔의 대상이 되었다. 이삿짐과 살림살이는 점점 제자리를 찾아갔다. 그리고 보건소로 첫 출근하는 월요일 아침에는 완벽하다는 느낌을 받았다. 누구와도 나눠 마시지 않아도 되는 개인적인 공기를 확보했다는 것, 그곳에서 같은 시간에 잠들고 같은 시간에 깰 수 있다는 것, 원한다면 언제까지라도 이처럼 예측 가능한 행복을 누릴 수 있다는 것 그런 것들이 최은수를 설레게 했다.

한동안 좋은 시절이 이어졌다. 문득 어떤 연결고리도 없이 재이가 자주 지었던 표정이 구체적으로 떠오르기도 했다. 그게 웃는 얼굴이든 찡그린 얼굴이든 상관없이 마음 한구석이 불편해졌다. 이어 최은수 안에 살던 '숨 막히는 여자'와 '우스운 여자'

가 심하게 다투었는데, 그 시끄러운 소릴 한참 듣다가 최은수는 중얼거렸다. 혼자라서 다행이라고. 그때까지만 해도 그렇게나 빨리 '새로운 식구'가 생길 거라고는 전혀 생각하지 못했으니까.

_____ **새로운 식구**

이사가 드문 동네다 보니 쉽게 주목을 받았다. 처음엔 '최 간호사가 미혼모였냐', '아빠는 누구냐'고 수군거렸지만 이내 사실 여부가 확인됐다. 얼굴이 예쁘장하게 생긴 그 아이가 사내아이라는 것, 부모가 한날한시에 교통사고로 죽었다는 것, 그래서 하나뿐인 피붙이인 최 간호사네 집으로 오게 되었다는 것까지 알려졌다. 그런데 그 아이가 '최 간호사 계모의 아들의 아들'이라는 다소 복잡한 가족사까지도 훤히 드러나 버렸다. 동네 사람들은 영원이에게 친절했지만 쓸데없는 동정을 보내왔다. 어린것의 신세가 이토록 기구하여 어쩌냐면서 애처로운 눈으로 영원이의 머리통을 쓰다듬고 등을 쓸어줬다.

어느덧 입춘이 성큼 다가왔지만, 닫힌 창문 틈 사이로 시린 새벽 공기가 비집고 들어왔다. 이불을 바짝 당겨 영원이의 목까지 덮어주며 최은수는 할 만큼 하고 있다고 여겼던 자신을 돌아봤다. 애당초 친부모처럼 키운다는 건 무리였고 최소한의 보호와 필요를 채워주면 되는 거라 생각했다. 솔직히 그마저도 버거웠지만 그 정도는 의무라 여기며 어린이집에 보내고, 데려오고, 먹이고, 놀아주고, 씻기고 재웠다. 가끔 자기 시간을 이렇게 어이없고 난데없이 도둑맞은 게 억울해서 무뚝뚝하게 대한 날은 있었지만, 그렇다고 대충 씻기거나 아무거나 먹인 적은 없었다. 그리고 사내아이임에도 특별히 시끄럽게 하거나 말썽 피우는 일 없이 무탈하게 자라 주는 영원이가 퍽 기특했다.

"엄마, 엄마……" 영원이가 잠꼬대를 하며 최은수의 가슴팍으로 파고 들어왔다. 고소한 젖비린내가 났다. 의젓해 보여도 분명 아직 애였다. 그러고 보니 예전에 올케는 늘 우는 영원이를 달래고 있었다. 눕혀 놔도 울고, 업어줘도 울고, 안아줘도 울어서 올케도 계속 울상으로 지냈다. 당시엔 '애들은 원래 다 울면서 크는 건가 보다' 하며 대수롭지 않게 여겼었다. 그리고 기억을 떠올린 그 순간, 깨달았다. 놀랍게도 영원이는 이 집에서 한 번도 울지 않았다는 걸.

■ 나는 엄격하다. 그 엄격함의 잣대는 주로 나를 향하지만 나도 모르는 새에 다른 이를 겨눈다. 나는 영원이가 뭔가를 열심히 말하려 할 때 바닥에 떨어진 과자 부스러기에 온 신경을 쏟고 있었다. 그 작은 아이가 몸을 웅크려 자꾸 좁은 공간에서 뭔가를 하려 했던 건, 심리적 안정감이 필요해서라는 걸, 다른 사람은 몰라도 나는 알았어야 했다. 나는 내가 긴 시간 미워했던 어른의 모습으로 살고 있었던 것이다. 나는 반성한다. 양육자로서 사랑을 주는 것에 인색했음을. 나는 다짐한다. 앞으로 영원이를 엄격하게가 아니라 강하게 키울 것을.

혼자 살 때에 비하면 시간은 광속에 가깝게 흘렀고 그만큼 영원이도 쑥쑥 자랐다. 활동적이지 않은 편이라 팔다리에는 핏기가 부족해 보였지만 눈에는 명랑한 총기가 보였으므로, 최은수는 안심했다.

"영원아."

"응?"

스케치북 앞에다가 얼굴을 묻고 있던 영원이가 제 이름을 알아채고 돌아봤다.

"이게 뭐야?"

"띵동띵동이야. 깨끗한 거."

세탁기를 말하는 거였다.

"아, 맞다! 고모가 깜빡했네. 띵동띵동 해야 하는데 영원이가 도와줄래?"

"그래!"

영원이는 그건 자신 있다는 듯 자리를 박차고 일어났다. 그러나 베란다까지 가서는 뒤를 빼꼼 돌아보며 최은수의 얼굴을 살폈다. 일주일 치 묵은 빨래가 아무렇게나 뒤섞여 있는 걸 보고 자신이 없어진 것이다.

"제일 아끼는 거, 부들부들한 옷들 먼저 할까?"

"응!"

영원이는 다시 활기를 띠며 울 세탁에 어울리는 옷을 신중하게 골랐다. 탁탁탁! 그 사이 손빨래를 마친 최은수가 셔츠를 공중에 세게 세 번 털어내자 물방울이 안개처럼 흩어지며 최은수와 영원이의 얼굴 위로 경쾌하게 내려앉았다.

자꾸
눈길이 가요

어떤 자리에 빨간색 그녀가 등장하면 사람들의 이목이 일제히 쏠리는데, 화려해서 눈길을 끈다기보다는 무의식적으로 오래 바라보게 된다는 쪽에 가깝습니다. 저도 자주 그런 경험을 하다 보니 그 이유가 무척 궁금해지더군요. 그래서 조금 더 진지하게 관찰을 해봤더니, 빨간색 그녀에게는 가공하지 않은 원석 같은 아름다움이 있었어요. 아무리 대단한 자리라도 애써 치장한 티가 나지 않아요. 오히려 소박하다는 느낌을 줄 정도예요. 그렇다면 무엇 때문에 단체의 시선을 한 몸에 받느냐 하면요, 빨간색 그녀의 인상 때문이에요. 기본적으로 예의 바르지만 무덤덤하고 무신경한, 그래서 선뜻 다가서기가 망설여지는 '텅 빈 인상' 말이지요. 그런 인상은 사람들에게 조마조마함을 불러일으키고, 동시에 짧은 침묵이 흐르면서 어수선하던 주변이 한 번에 정리돼요. 어딜 가든 침묵을 못 참는 사람이 있기 마련이지만, 그*(혹은 그녀)*가 침묵을 깨야 한다는 의무감으로 말을 거는 대상은 빨간색 그녀가 아닌 다른 사람이에요. 일순 사람들은 그쪽으로 고개를 돌리지만, 사실 여전히 빨간색 그녀 쪽에 신경이 쏠려 있거든요. 그때부터 재밌는 풍경이 펼쳐져요. 사람들의 시선이 마치 캐치볼 하듯 포물선을 그리며 빨간색 그녀 주변을 맴돌아요. 사람들은 본능적으로 과도한 것보다 단순한 것에서 한껏 무르익은 아름다움을 느끼니까요. 그러니까 빨간색 분위기 미인들은 절제하기 때문에 도리어 강렬한 첫인상을 주는 유형입니다.

사랑 앞에서
기꺼이 나약해지기

빨강은 모든 색 중에서 파장이 가장 길고요. 긴 파장은 침투력이 높죠. 그래서 인지 빨간색 분위기 미인들은 누군가를 마음에 들여놓는 문제에는 까다로운 편이지만, 사귀기 시작하면 오래 만나요. 빨간색 그녀는 사랑을 하나의 거래로 여기는 사람들을 몹시 싫어해요. 이를테면 애인에게 갑이 되기 위해서는 이래 야 한다는 둥 저래야 한다는 둥, 이런 종류의 사고방식을 가진 사람들 말이에 요. "그러는 당신은 사랑 앞에서 얼마나 고결하십니까?" 그렇게 묻는다면, 빨간 색 그녀도 할 말은 없어요. 실제로 빨간색 그녀의 연애는 고결하기는커녕 너저 분한 쪽이니까요.

　빨간색 그녀는 멀쩡하고 반듯한 모습'만' 보인 사람에게는 그 어떤 연애 감정 도 생기지 않아요. 오히려 말간 민낯으로 방바닥에 앉아서 열무 비빔밥을 퍼먹 는 모습을 보여도 부끄럽지 않은 사람, 작은 비판 하나도 못 받아넘기는 못된 성 미를 드러내도 대수롭지 않게 여기는 사람, 의기소침에 빠진 날에도 위로하지 않고 평상시처럼 대해 주는 사람, 그런 사람에게 애틋함을 느껴요. 무방비 상태 에서 주고받는 그런 종류의 애틋함이야말로 오직 두 사람, 연인끼리만 나눌 수 있는 소중한 정서라고 생각해요. 대부분의 시간을 빈틈없이 쓰는 빨간색 그녀 일수록 그 흐트러지는 기쁨이 크겠죠? 꼭 닫아두었던 숨구멍이 확장되면 빨간 색 그녀는 속수무책으로 무너지면서 사랑에 확 빠져버린 얼굴이 되는데요. 이 때 그녀의 평소 모습을 아는 상대 또한 속수무책으로 매혹당합니다.

그렇다면 이별할 때 빨간색 그녀의 태도는 어떨까요? 그날 빨간색 그녀는 한 가지만 명심합니다. 흐지부지하지 않을 것, 바꿔 말하면 정확하게 끝맺을 것! 그러니 문자 메시지나 전화로 이별하는 일은 없을 테고요. 반드시 만나서 이별의 사유를 구체적으로 묻거나 밝히고, 개선의 여지를 재차 확인하는 것까지 해냅니다. 그걸 '해냈다'라고 표현하는 것이 정말 맞는 게, 빨간색 그녀는 자존심이 상당히 강한 편이거든요. 그동안은 연인이었으니까 흐트러진 모습이 허용되었지만 헤어지는 마당에 자기 입술에서 터져 나오는 곤란함과 구차함, 애석함까지 들키고 싶진 않아요. 그럼에도 그렇게까지 하는 건, 자기 자신을 잘 알기 때문이에요. 끝장을 봐야 마음에 어둑한 그림자가 남지 않을 테니까, 할 만큼 했다고 느껴야 미련 없이 인생의 이 구간을 떠날 수 있을 테니까. 빨간색 그녀는 입술을 꼭 깨문 채 그걸 해냅니다.

■ 빨간색 그녀를 사랑한다면

첫째, 그녀에게는 늘 우선순위가 있습니다. 그걸 존중해 주세요.

둘째, 그녀는 둘만의 시간을 소중히 여깁니다. 둘만의 아지트를 마련해 보세요.

셋째, 그녀가 화를 내는 데는 분명한 이유가 있습니다. 얼렁뚱땅 넘어가지 않고 담담하게 대화를 시도한다면 '멋짐'을 획득할 겁니다.

넷째, 그녀는 사랑한다는 말보다 약속 시간을 지키는 걸 더 좋아해요.

다섯째, 둘 사이에 신뢰가 쌓이면 분명 당신 앞에서만 보이는 모습이 있을 텐데요. 그때 심장이 녹아 없어질지도 모르니 조심하세요.

완벽한 루틴을
좋아합니다

빨간색 그녀는 완벽하다고 느끼는 순간을 좋아합니다. 그러다 보니 뭔가를 시
작하면 꾸물대지 않아요. 그래야 가능한 한 더 많이 고치고 또 고쳐서, 최종적
으로 본인 마음에 드는 상태에 이를 수 있으니까요. 그러니까 '철저함과 정교함'
은 빨간색 그녀의 태생적인 자세라고 할 수 있어요. 그리하여 황홀하다 할 만한
결과가 나타나면 잠깐 기뻐한 후, 스스로에게 한층 더 강화된 '철저함과 정교함'
을 요구합니다. 완성도가 한계치에 다다랐다면 아무리 노력을 더해도 그 차이
가 미세할 겁니다. 그때부터가 악순환의 시작입니다. 욕심 같아서는 이만큼 해
내야 하는데 성에 차지 않아 화가 나고, 화가 나니 스트레스가 쌓이고, 스트레
스가 쌓이는 만큼 피로도가 높아져요. 더욱 몰두하고 싶지만 몸이 따라주지
않아서 또 화가 나요. 어느새 빨간색 그녀의 두 눈은 시뻘겋게 달아오르고 콧
잔등 주위에는 사나운 기세가 몰려있어요. 그 얼굴은 '말 걸지 마세요. 지금 화
가 잔뜩 났으니까'라고 말하는 것만 같아서 주변 사람들은 슬슬 빨간색 그녀를
피하게 되지요.

다행히 빨간색 그녀에게는 매우까지는 아니더라도 꽤 좋은 어른으로 살아가
고 싶은 욕심이 있기 때문에 완벽주의의 폐단에서 벗어나려는 노력을 시작합
니다. 먼저 '완벽한 상태'란 게 '허상의 개념'이란 걸 인정하기까지 꽤나 긴 시간
이 걸려요. 끊임없이 분발해 왔고 그게 삶의 목표이자 희열이었는데, 그걸 버린
다면 남은 인생이 텅 빈 깡통같이 느껴질 것 같은 거죠. 그러나 자기 안에 질주
하는 폭주 기관차를 멈추지 않으면, 자신을 포함한 주변을 죄다 녹여 버리는 위

험인물이 될 걸 깨닫고 이내 깨끗이 단념합니다. 빨간색 그녀에게는 딱 거기까지가 정말 힘든 단계고요. 그다음은 일사천리로 진행해요. 자신이 바라보는 완벽주의의 초점을 '최고'에서 '최장'으로 바꿈으로써, 조금 부족하지만 지속 가능한 것이 주는 또 다른 기쁨을 차근차근 알아갑니다. 그러다가 자기 안에 있는지도 몰랐던 관대함을 발견하면 멋쩍어하다가, 자기 가슴께를 손끝으로 슬쩍 눌러봐요. 그 근처 어딘가에서 자라나는 너그러운 마음씨를 물리적으로 확인하려는 듯이요. 뭐, 조금 어색하긴 해도 자기 삶이 퍽 훌륭하다고 느껴지는 그 기분이 싫지는 않은가 봐요. 찰나지만 빨간색 그녀 얼굴 전체에 만족하는 미소가 감돌더라고요.

그럼에도 불구하고, 빨간색 그녀에게 완벽을 향한 욕구를 완전히 버리라는 건 고문과도 같아요. 어떤 방식으로든 그 욕구를 풀어낼 방법이 필요해요. 아무래도 가장 좋은 건 '완벽한 생활 루틴'을 갖는 것이에요. 빨간색 그녀는 자신의 루틴을 구성하는 데 몇 가지 원칙이 있는데, 소개하자면 다음과 같아요. 대분류는 ① 먹는 것 ② 자는 것 ③ 사는 것입니다. ① 먹는 것에는 장 보는 시간, 요리하는 시간, 식사하는 시간까지 구체적으로 배분해 둬요. ② 자는 것에는 기본적으로 규칙적이게 잠드는 시간과 일어나는 시간을 정해 두지만, 실질적으로 숙면을 위한 침실 환경을 만드는 데 공을 들이는 편이에요. ③ 사는 것에는 가사시간, 업무시간, 운동 시간, 취미시간 등 광범위해서 현실적으로 변동성이 커요. 그래서 지나치게 세분화해 두면 오히려 스트레스가 되니까, 크게는 '올해', 작게는 '이번 달' 혹은 '이번 주'에 우선순위로 둘 것이 뭔지만 정해 둬요.

여전히 더욱더 완벽해지고 싶지만 한편으로는 노골적으로 더 많은 것, 더 나은 것만 바라는 삶에서 한 뼘쯤 멀어진 자신을 뿌듯해하는 사람, 진지하게 덜어 낼 것을 고민하고 남은 것에 질서를 부여하는 삶이 꽤 근사하다는 걸 알아가는 사람. **빨간색 분위기 미인**입니다.

제2장

귀엽고 발랄한,
노란색 분위기 미인

캐릭터 소개

임태연

그녀의 소신 "감정을 소중히 여깁니다"

햇빛이 환히 비칠 때 당신은 어떤 느낌을 받는가? 행복하고 기분 좋은 느낌? 노랑은 심리학적 원색 중 하나로서 감정과 신경계에 영향을 미친다. 노랑은 상대적으로 긴 파장을 가지고 있으며 우리의 감정을 자극한다. 노랑은 우리를 더 자신만만하고, 긍정적이고, 낙천적으로 만든다. 노랑은 우리의 자존감을 높여줄 수도 있다.

— 책 『컬러의 힘』 중에서

혹시 질투하세요?

노란색 분위기 미인은 자기감정과 느낌에 솔직합니다. 그게 말처럼 쉽지 않다는 건, 성인이라면 누구나 공감할 거예요. 각자의 사회적 역할을 수행하기 위해 마련된 가면을 쓰고 살아가다 보면, 자연스러운 감정의 흐름을 놓치기 일쑤이니까요. 하지만 노란색 그녀는 '감정을 정확히 느끼는 내가 아름답다'라는 믿음으로 어떤 감정이든 가리지 않고 있는 그대로 바라보며 흡수해요. 색채 전문가들의 말에 따르면 노란색은 선과 악, 낙관주의와 시기심, 이해와 배반을 모두 나타내는 색이래요. 노란색 그녀는 이 모든 것을 '느끼며 살아가는 것'에 굉장한 방점을 찍고 있기 때문에 자주 울고 자주 웃으며 실컷 떠들어요. 그 모습을 강아지에 빗대어보자면, 어리광이 많고 스트레스를 쉽게 받는 요크셔테리어나 3대 악마 견으로 불릴 만큼 소란스러운 비글, 그리고 장난치길 좋아하는 푸들 같아요. 애네들, 정말 귀엽죠! 맞아요. 정말 귀여운데 자주 대책이 없고요, 자주 삐지고요, 자주 탈이 나고요, 그만큼 손이 많이 가요. 그렇지만 놀랄 만큼 많은 사람들이 반려견과 함께 살며 그 귀찮은 걸 해내잖아요. 누가 시킨 것도 아니고 순전히 자발적으로 말이에요!

왜 그런 걸까요? 제 생각엔 그 이유가 '겨자 먹기와 눈물과 가면'에 있지 않을까 싶어요. 무슨 말인가 하면요, 지금 겨자가 혀끝에 닿아서 눈물이 찔끔 맺혔는데 울면 안 되는 거예요. 꼭 울고 싶은 건 아니지만 울 수도 있는 것과 울면 안 되는 건 전혀 다른 문제잖아요. 이상한 건 울면 안 된다니까 더욱 울고 싶어지는 겁니다. 그래서 하는 수 없이 가면 뒤에 숨어서 소리 내지 않고 조금만 울었습니다. 그런데 그때였어요! 그 가면을 유쾌하게 부숴버리고 엉엉 울어버리는 노란색 그녀가 나타난 겁니다. 그럴 때 사람들은 어떤 해방감이랄까, 통쾌감이랄까? 그런 걸 느끼는 거죠. 동시에 노란색 그녀 앞에서만큼은 감정을 있는 그대로 내비칠 수 있겠다는 투명한 자신감도 생기고요.

거기서부터가 시작이에요. 그렇게 얼렁뚱땅 노란색 그녀와 애착관계를 쌓게 된 누군가는 그녀로부터 헤어 나오기가 힘들어져요. 객관적인 이유 같은 건 다 필요 없고요. 그냥 옆에 있다가 없다는 이유 하나로도 아찔함을 경험합니다. 가슴 한 공간을 뭉텅 도려낸 기분이 들어서 어찌할 바를 모르게 되는 거예요. 여전히 설명은 불가합니다. 이러한 노란색 분위기 미인이 되기 위해서는 2단계가 필요해요. 첫 번째로는 감정에 대한 인식을 바꾸는 거예요. 감정을 후지고 미개한 것으로 바라보지 않고, 감정을 호사와 사치의 상징으로 여기고, 감정을 휘감고 감정으로 뽐내보는 겁니다. '나 이렇게 느낄 수 있는 사람이야'라고 말이죠. 두 번째로 평소 묵살했던 감정과 결합하세요. 말하자면 연애할 때랑 결이 같아요. 그 감정을 바라보다가, 서서히 흡수해서, 완전히 혼연일체가 되었다가, 찬찬히 비워내는 수순이에요.

저도 개인적으로 노란색 분위기가 욕심이 나서 계속 시도해 보고 있는데요. 여전히 매우 잘하지는 못하고 있는 상태입니다. 그런 의미에서 저의 실패담을 하나 들려드릴게요. 제가 오랫동안 묵살했던 감정은 바로 질투였어요. 제가 좋아하는 남자애가 다른 여자애를 쳐다보면 저도 딴 데를 봐 버렸고요. 제가 갖고 싶은 종류의 우월함을 가진 친구에게는 가까이 다가가지 않는 방식으로 외면했어요. 질투가 새어 나오려는 즉시 뚜껑을 덮어버리고 "내 사전엔 질투란 없다"라면서 고고하게 살아왔어요.

그러던 어떤 하루, 저는 주체할 수 없는 질투에 휩싸였답니다. 세 번째인가 네 번째인가 헷갈리는 남자 친구를 사귀고 있던 20대 중반의 한때였는데요. 살짝 쌀쌀해진 가을 공기를 감지한 저는 '오늘만 기다린 자'의 미소를 지으며 한 주 전에 사둔 트렌치코트를 걸치고 데이트에 나섰어요. 우린 항상 '오늘 뭐 할까'를 고민했지만 사실 뻔했어요. 남자 친구가 좋아하는 순대국밥을 먹거나 제가 좋아하는 돼지고기를 굽거나 할 거였어요. 그 사이에 시간대가 맞는 영화가 있으면 한 편 볼 거였고요.

"오! 이것 봐, 이거. 자기가 좋아하는 그 여자 맞지?"

남자 친구가 웬일로 새살스럽게 호들갑을 떨며 휴대폰을 내밀었어요.

"어, 최강희네! 오늘 해운대 온대?"

그녀는 배우 최강희였어요. 바로 앞 해에는 제가 엄청나게 빠져들어 다섯 번이나 돌려본 드라마에 출연했는데, 그해에는 신작 영화 홍보차 전국의 영화관을 돌고 있었던 거죠.

"일곱 시 영화네. 자리 아직 남았다. 예매한다?"

'어머, 왜 저렇게 신이 나셨대?' 제가 입이 마르고 닳도록 최강희에 대한 찬사를 늘어놓을 때마다 시큰둥해하면서 "별로 안 예쁜데?"라고 말하던 남자 친구였거든요.

최강희를 직접 볼 수 있는 기회가 코앞에 다다르자 저는 어쩐 일인지 한풀 꺾인 자세를 취하게 되더라고요. "사람 엄청 많을 건데?" 이것이 표면적인 입장이었고 뭐 꼭 직접 볼 필요까지야 있겠느냐는 것이 속마음이었어요. 근데 남자 친구는 엄청 적극적이데요? 온라인으로 예매를 마치고 영화관에 전화를 걸어 "최강희가 오는 게 맞냐", "예매가 확실히 된 거냐", "이따 뵙겠다" 등의 말을 하기까지 했다니까요. 결국 최강희를 보고야 말았어요. 아니 최강희를 보는 남자 친구의 홀린 눈을 보고 말았습니다. 그는 무대 인사를 나온 최강희에게 시선을 고정한 채 "진짜 예쁘다"를 연발했어요. 영화가 끝나고 나오는 복도에서부터 "화면이 실물을 못 담네", "자기 말대로 진짜 예쁘다", "예쁘다, 예쁘다" 노래를 불렀어요. 저는 체한 속을 쓸어내리는 사람처럼 입을 꾹 다물고 아무 말 안 했고요.

그래서 어떻게 됐냐고요? 한동안 맥락 없이 툴툴대는 못난 애인으로 살았죠. 그렇지만 알게 된 것도 하나 있어요. 질투하는 마음 안에는 '나침반'이 들어 있다는 거요. 세상에는 멋진 사람, 좋은 사람, 근사한 사람, 훌륭한 사람이 넘쳐나지만 그들 중에서 제가 최고 가치로 삼는 걸 가진 사람에게 질투를 느끼더라고요. 그러니까 질투가 제게 방향을 제시해 주고 있었던 거예요! 질투는 아주 정확하고 기민했어요. 간발의 차이를 알고 있었죠. "거기가 아니라니까! 네가 원하는 건 이쪽이라고!" 하면서 말이에요. 그걸 따르기 위해 몸을 틀 때마다 저는 퍽 기뻤어요. 갈 곳을 정확하게 아는 자의 거만함을 불끈 내세우고 씩씩하게 그쪽으로 걸어갔어요.

〈노란색 분위기 미인, 임태연〉도 여러 감정과 함께 느끼고 자라나는 인물입니다. 감정을 소중히 하는 그녀의 일상에는 크고 작은 사건 사고가 따르기 마련이고, 좀 더 자세히 들여다보면 그 감정에 자극제가 되는 주변인들이 있습니다. 도대체 누가 그녀의 마음을 흔들고 달랬을까요? 귀엽고 발랄한 노란색 그녀의 이야기를 시작해 보겠습니다.

노란색 분위기 미인,
임태연
(모습 태態, 빛날 연姬)

"감정을 소중히 합니다"

고향이 김해라고 말하면 서울 사람들은 촌 동네라고 생각하는 눈치였다. 그때마다 임태연은 "부산의 위성도시예요. 해운대랑 50분 거리예요."라고 덧붙임으로써 김해의 위상을 높여줬다. 그것뿐만 아니었다. 대화 중에 틈이 나면 부지런히 자기 홍보를 일삼았다. 외모에 관한 것, 경제력에 관한 것, 연애에 관한 것 등 분야는 가리지 않았다. 어설프게 아닌 척하지 않고 당당하게 자신 안의 허영과 자만을 드러냈다. 안 물어봤잖아? 궁금해하지 않던 이들도 조금씩 임태연에게 호기심을 느꼈다. 대박! 정말 세상 편하게 사네. 대체 뭘 먹길래 몸이 저래? 아니 저 옷 때문인가? 밉지만 인정하는 마음으로 끊임없이 임태연을 힐금거렸다. 궁금하던 차였는데 마침 자기 입으로 떠들어주면 고마운 마음까지 들었다. 그리고 열심히 검색창을 두들겨 그녀를 따라 갔다.

임태연은 온라인에서 옷을 판매했다. 주로 소셜 네트워크 서비스SNS로 홍보했다. 홈페이지 역할을 한 건 블로그였는데, 대기업형인 네이버나 다음이 아니라 오래된 유적지 같은 곳, 티스토리를 썼다. 5년 전 어느 날, 마지막 직장을 때려치우고 떠난 파리에서 짧게 사랑을 나눴던 남자에게 추천받아 시작했다. 퀄리티 있게 이것저것을 자랑하기에 좋은 구조로 설계되어 있어서 곧바로 재미를 붙였다. 그리고 지금은 이걸로 돈을 벌고 있다. 그것도 꽤 많이.

오늘은 이번 봄 시즌 신상 원피스 촬영 장소를 답사하는 날이다. 멀리 갈 것도 없이 집 앞 석촌 호수 벚꽃 길로 택했다. 롯데월드타워가 보이는 동호東湖는 세련된 배경이지만 인파가 장난이 아님을 알기에, 롯데월드 방향 서호西湖 쪽에서 촬영하기로 결정했다. 놀이마당 공영주차장에 차를 세우고 계단으로 내려가니 바로 산책로가 보였다. 이 길을 따라가며 그림이 나올 만한 공간을 선정해두어야 했다. 한참을 집중하며 걷다 보니 다리 밑까지 다다랐다. 긴 생머리를 차분히 내려뜨린 여자가 피아노를 연주하고 있었다. 귀에 익은 곡이었다. 곡 이름을 찾아주는 앱을 켰다. 〈Flower Dance-DJ Okawari〉였다. 빠르고 경쾌한 리듬이지만 사람을 나른하게 하는 간질간질한 선율이 이어졌다. 잠시 제자리에 섰다. 여러 사람이 떠올랐다. 오늘날의 임태연을 완성하는 데 결정적인 역할을 한 사람들이었다.

병수 : 그 병신 같은 새끼

임태연은 식탐이 많은 아이였다. 먹는 것에 관해서라면 어려서부터 꿰고 있었다. 눈만 뜨면 집안 구석구석 음식 냄새를 쫓아다니며 이것저것 잘 주워 먹었다. 공원 같은 야외에서는 방긋방긋 웃으며 다른 어른들에게 음식을 잘도 받아냈다. 그걸 또 어찌나 오물오물 맛있게 먹는지! 보는 것만으로도 미소가 지어졌다. 하지만 그 모습이 예쁜 것도 딱 세 돌까지였다.

어린 임태연은 볼, 팔뚝, 허벅다리 그리고 손가락과 발가락까지 포동포동하게 살쪄갔다. 빈틈없이 차오른 살들은 욕심 많고 심술궂은 아이의 느낌을 주었다. 욕심이 많다? 그건 반박이 불가했다. 임태연은 음식뿐만 아니라 여러 가지, 그러니까 무언가를 배우는 것, 새로운 것을 가지는 것, 누군가의 사랑을 독차지하는 것 등에도 욕심이 많은 아이였다. 욕심 많은 어린 임태연의 눈빛은 반짝였고 손끝은 섬세했다. 그러나 심술궂다? 그건 오해였다. 정말로 심술궂은 아이들은 자기 자신보다 다른 아이들에게 관심이 많았다. 잘 지켜보고 있다가 괴롭힐 때를 찾고 그것을 행함으로써 쾌감을 느끼는 부류였다.

열세 살, 여름이었다. 그날은 같은 반 혜영이의 생일이었다. 혜영이네는 당시에도 보기 드문 종갓집이었다. 점심시간마다 혜영이의 도시락 뚜껑이 열리면 임태연은 설레었다. 육각 반찬통에는 정갈한 마른반찬 몇 가지를 거느린 '오늘의 메인 요리'가 모양 좋게 자리 잡고 있었다. 임태연은 바삐 젓가락을 놀리는 와중에 지속적으로 확신했다. 혜영이네 가문의 명성과 품위를, 혜영이네 어머니의 기품과 덕망을! 혜영이의 도시락은 지난 6개월 동안 하루도 배신하지 않고 맛있었다. 한 가지 흠이라면 양이 적다는 것이었는데, 오늘은 날이 날이니만큼 풍성함까지 기대해 봐도 좋지 않을까? 그렇게 생각하고 나니 임태연의 심장이 말도 안 되게 쿵쾅거렸다. 생일파티에 초대받은 친구들은 다섯 명이었다. 혜영이 본인을 포함하여 남자 셋, 여자 셋. 일부러 성비를 맞춘 건 아니었는데 어쩌다 보니 그렇게 됐다. 수업을 모두 마치고 혜영이네 집 방향으로 함께 걸었다. 선물을 사느라, 장난을 치느라, 넘어지느라, 운동화 끈을 묶느라, 신호등의 파란 불을 놓치느라 자꾸만 시간이 지체됐다. 그때마다 임태연은 끓어오르는 화를 애써 잠재우며 "야, 가자!" 하고 소몰이하듯 재촉했다.

드디어 혜영이네 대문 앞까지 도착했다. 또다시 임태연의 심장이 빠르게 뛰었다. 문을 열어주는 저분이 혜영이의 어머니인 듯했다. 상상했던 것과 조금 다른 모습이었다. 서구적인 체형에 시원시원한 눈매를 가진 분이었다. 어머니는 환한 미소로 친구들을 반기며 거실 한쪽에 마련된 생일상으로 안내했다. 이번에도 상상과 조금 달랐다. 크게 한 상 차린 한정식을 기대했는데, 2인용 식탁 세 개가 나란히 놓인 양식 차림이었다. 상 위에는 여섯 벌의 숟가락과 젓가락, 나이프가 놓여 있었다. 임태연은 오늘마저도 양이 적으면 실망할지도 모른다는 예감이 들었다. 시무룩한 표정으로 엄지발가락을 마룻바닥에 비벼댔다. 어머니는 한 사람 한 사람 하얀 앞치마를 나눠주며 자리로 안내했다. 자리가 사람을 만든다더니, 친구들 모두 장난기를 쏙 뺀 얼굴로 순순히 따랐다. 그런데 갑자기 병수가 큰 목소리로 "싫어요!" 했다. 계속해서 바닥을 긁고 있던 임태연도 고개를 들었다. 2인용 식탁이라 짝을 정해야 했는데, 병수가 자리를 안내받는 마지막 순서였던 것이다. "저 돼지랑 같이 먹기 싫어요!" 여기서 돼지란 임태연을 가리키는 것이었다.

충격이 컸다. 한동안 임태연은 먹는 것을 삼갔다. 먹는 생각만으로도 돼지가 연상되면서 목울대 주위로 신물이 올라왔다. "만약에 이대로 자라 뚱뚱한 어른이 되면 어떨까? 딱히 나쁠 건 뭐람?" 툴툴거려 보았지만 마음이 편치 않았다. 그렇다고 먹는 것을 포기하고 싶지도 않았다. 솔직히 그건 남은 인생 동안 왜 살아야 하는지 이유를 잃어버리는 셈이었다. 어머! 그럼 나는 정말 먹기 위해 사는 것일까? 살기 위해 먹는 것이 아니고? 그러니까 내가 진짜 돼지? 그 생각을 하니까 다시 병수 그 병신 같은 새끼가 떠올라서 혼자 씩씩거렸다. 다시 음식이 입으로 들어가기 시작한 것은 여름 방학 이후였다. 눈에서 멀어지면 마음에서 멀어진다는 속담이 꼭 맞았다. 병수가 눈에 안 보이니까 '돼지 기억'도 가물가물해졌다.

_____ **이모네 둘째 언니 : 완벽한 여성상**

정작 임태연의 식탐에 큰 영향을 준 것은 이모의 둘째 딸이었다. 방학 때마다 엄마와 이모는 품앗이를 하듯 아이들을 몰아 봐주며 가사 휴가를 보냈는데, 이번에는 엄마가 이천까지 가서 도자기를 굽겠다고 강력하게 선언했고, 임태연은 꼼짝없이 이모네에서 열흘을 보내게 되었다. 임태연은 외동딸이지만 이모네는 여자들만 셋이었다. 바를 것과 씻을 것, 그리고 입을 것까지 언니들 것을 빌려 쓸 마음으로 속옷 몇 가지만 챙겨서 이모네로 갔다. 이모는 둘째 언니와 한방을 쓰라고 했다. 그날 밤 언니는 밤늦도록 들어오지 않았다. 다음날, 그다음 날도 언니는 바빴다. 간간이 스칠 때마다 언니에게는 땀 냄새가 섞인 분향이 났다. '혹시 나한테 뭐 화난 거 있나?' 싶을 정도로 쌩하게 왔다가 쌩하니 가버렸다.

둘째 언니가 오늘은 중요한 날이라고 했다. "중요한 날?" 임태연이 되물었다. "응. 되게 중요한 날이야." 언니가 비장하게 대답했다. 그리고 화장대 앞에서 신중하게 아이라인을 그리고 새빨간 립스틱을 발랐다. "언니 화장해도 돼?" (*"고등학생인데?"라는 물음이었다.*) 자세히 보니 일반적인 화장이 아니었다. 그날은 언니가 무대에 서는 날이랬다. 벨리 댄스 대회 본선에 출전한다고 했다. 언니는 식구들에게 자기가 참가 번호 1번이니까 늦지 말라고 신신당부하며 서둘러 집을 나갔다.

대회장 내부는 흡사 난민촌처럼 어수선하고 휑했다. 영화에서처럼 꽉 찬 객석의 환호를 받으며 무대에 서는 게 아니라, 여기저기 흩어져 있다가 참가 번호에 맞춰 무대에 서고 내려오는 것 같았다. 그나마 언니는 1번이라 '어떻게 하나 보자'라는 심산으로 몰려든 관객이 꽤 있는 상태였다. 드디어 언니가 무대 위에 섰다. 발끝을 바닥에 단단히 고정한 채 허리를 자유자재로 흔들어대다가, 사뿐히 나비처럼 날아서 객석 가까이 다가와 배꼽과 골반을 치켜세웠다. 제일 앞에서 보던 임태연도 움찔움찔하며 언니의 날렵한 속 근육을 훔쳐보았다. 언니는 살짝 교만했다가 순식간에 사랑스러운 분위기를 풍겼다. 그 모습을 바삐 따라다니다 보니 6분은 30초처럼 지나갔다.

장장 5시간 동안 언니처럼 반짝거리는 옷을 입은 여자들이 나왔다가 들어갔다. 선곡에 따라 표현도 다르고 느낌도 달랐는데, 마지막에 무대를 내려오는 표정만큼은 하나같이 비장했다. 그리고 최종적으로 전국대회에 출전할 본선 후보자를 발표

하는 시간이 다가왔다. 거기에 언니 이름은 없었다. 언니는 떨어진다는 생각 자체를 해본 적이 없는 사람처럼 얼이 나간 표정으로 대회장을 빠져나갔다. 이모도 괜히 속상한 마음에 "차 안 타고 갈 끼가(갈 거니)?"라며 언니 등에 대고 소리를 꽥 질렀다. 임태연은 조용히 입을 다물고 언니 뒤를 따랐다. 언니의 뒷모습은 아침과 사뭇 달랐다. 누구를 향한 것인지는 알 수 없는 슬픔과 분노가 뒤섞여 있었다. 언니는 맥없이 걷다가 자전거와 부딪치고는 "죄송합니다, 죄송합니다."를 연거푸 말했다. 멀찌감치 걷던 임태연이 놀라서 언니에게 뛰어가려 했으나, 자전거가 지나가자 언니가 갑자기 시멘트 바닥에 주저앉아 엉엉 소리 내어 울어버렸다.

다음 날 아침에 언니는 또 다른 모습을 하고 있었다. 패배를 깨끗이 받아들이겠다는 초연한 얼굴로 컴퓨터 모니터 앞에 앉아 있었다. 언니가 뚫어져라 보는 건 '어제의 언니'였다. 그리고 다음 해에 언니는 본선에 진출했다. 물론 전국대회에서는 또 떨어졌지만, 언니 주변에는 화사한 빛 같은 게 남았다. 임태연은 그걸 '욕망의 빛'이라고 이름 지었다. 자기 욕망에 충실해 본 사람만이 등 뒤에 업을 수 있는, 생기와 활력이 가득한 그 빛이 참 예쁘다는 생각이 들었다.

실장님 : 결정적인 한 사람

누구나 인생에서 결정적인 한 사람이 있다. 그러니까 결정적이라는 수식어를 붙일 정도라면 결과를 결정지을 만큼 중요해야 한다. 임태연에게 그런 사람이란, 오늘날 임태연의 완성된 자태와 분위기에 대단한 영향을 준 사람이다. 그 사람은 "저 돼지랑 먹기 싫어요!"라고 말했던 병수나 이상적인 여성상을 강렬하게 남겨준 이모네 둘째 언니보다도 훨씬 확실했다. 그 사람은 임태연에게 첫 직장, 첫 상사 그리고 첫사랑으로 기억되는 사람, 그 시절 내내 '실장님'이라고 불렀던 한 남자였다.

실장님을 처음 만난 건 물리치료사 국가고시 합격 통지서를 받은 이른 봄이었다. 열에 여덟이 합격하는 비율이었으니, 답안지에 번호를 밀려 쓰지 않은 이상 동기들 대부분이 합격했다. 합격은 어려운 일이 아니나 '모두의 로망' 대학병원의 물리치료사가 되는 것은 하늘의 별 따기와 같았다. 인근 대학병원의 TO정원이 다 차지 않아 비어 있는 자리가 났다는 정보가 들리면 과 내에는 야릇한 냉기가 흘렀다. 이미 임상에 나가 있는 선배들부터 타 학교 같은 학번 합격자까지, 물리치료사 면허를 가진 모든 이가 경쟁자였다. 어떤 이들은 아는 사람을 타고 타서 그 대학병원의 현직 물리치료사와 술자리를 만들었고, 어떤 이들은 그 대학병원의 설립 철학까지 깊게 파고들었다. 임태연은 짜증이 났다. 어차피 결정적인 승부는 실력이 아니라 운이나 인맥 따위에서 날 것이기 때문이었다. 엄마는 원서라도 넣어보라고 했지만 임태연은 그마저도 싫었다. 그러던 중, 학과에 그가 나타난 것이다.

과 홈페이지에 무슨 설명회가 열린다는 공지가 떴다. 추상적이고 난해한 설명이 덧붙어 있었다. 뭐라는 거야? 임태연은 투덜거리며 주르륵- 스크롤을 내렸다. 수요일 저녁 7시 707호 강의실. 운이나 인맥 따위로 합격자가 결정되는 대학병원 채용 시스템에 못마땅해하던 임태연답지 않게, 자신이 좋아하는 7이라는 숫자가 반복된다는 단순한 이유로 그 설명회에 참석하기로 마음먹었다. 훗날 한발 늦게 그 사실을 알아차린 임태연은 감탄했다(*역시 사랑은 운명적으로 찾아오는 것이구나*).

설명회 당일, 707호 강의실에는 대여섯 명 남짓이 앉아 있었다. 7시 정각이 되기 10

분 전이었다. 한 남자가 강의실 문을 열고 들어왔다. 그는 사람이 적다는 것에 적지 않은 실망을 한 눈치였다. 그러나 곧, 사회인답게 평정심 어린 미소를 내뿜으며 교탁으로 향했다. 여유로운 몸짓으로 겨울 외투를 벗고 종이 가방에 준비해 온 하얀 가운을 입었다. 뒷자리에 앉아 있던 임태연의 눈에도 빳빳하게 다림질된 가운이 보였다. 그는 뒤돌아서서 칠판에다가 'Physical Therapist(물리치료사)'라고 크게 썼다. 그리고 외쳤다!

"여러분! 대학병원 1년 차 물리치료사 연봉이 얼만지 아십니까?"

그것은 너무나도 웅변적인 목소리였기 때문에 앉은 이들 중 한 명이 그만 빵 터져버렸다. 웃음은 전염성이 강한 법이니까, 그 옆 사람도 쿡 웃어버렸다. 나머지 세 명도 따라 웃었다. 그는 단 한 마디로 모든 사람을 웃게 만든 대단한 남자였다. 그는 자신을 김해시에 개원 예정인 M 준 종합병원 물리치료실 실장이라고 소개했다. 대학병원도, 종합병원도 아닌 준 종합병원. 그것도 개원 예정인 신생 병원. 그러니까 자신도 취업 예정인 병원을 소개하러 온 남자였다. 거기까지 듣고 나니 어쩐지 살짝 잡상인 같은 분위기가 풍기는 듯했다. 이어 그는 자신의 논리를 굵직굵직하게 펼쳤는데, 요약하자면 이랬다. 물리치료사로서 사명을 갖는 것은 매우 훌륭한 일이다. 그러나 그것이 전부가 되어서는 안 된다. 우리는 왜 삼성이나 엘지처럼 대기업 수준의 연봉이나 복지를 기대하지 않는가. 언제까지 가뭄에 콩 나듯 나는 대학병원 빈자리나 기대하고 있을 것인가. 그 문제를 우리 스스로 해결해 볼 수 있지 않을까. 여기 해답이 있다. 거기까지 말한 후 그는 다시 외쳤다.

"M 준 종합병원은 3년 차부터 삼성 수준의 연봉과 5시 30분 정시 퇴근을 보장합니다. 함께하시겠습니까?"

여태까지 임태연이 들어본 어떤 목소리보다도 믿음이 가는 목소리였다. 울림이 분명하고 또렷해서 '된다, 된다, 반드시 현실이 된다'는 최면에 걸릴 것만 같았다. 발표를 마친 그는 교탁을 벗어나 청중석으로 다가온 뒤 짙은 남색의 명함을 한 장씩 돌렸다. 임태연은 마지막 차례였다. 조금 전까지 저 앞에서 큰 소리로 떠들던 그가 말없이 바짝 다가왔다. 자기 관리가 잘된 남자에게서 나는 반듯한 비누 향기가 풍겼다. 그가 짧게 아이컨택을 해왔다. 그의 눈빛에는 뭐랄까 맑고 깊은 시적인 구석이 있었다. 임태연은 눈을 피하지 않았다. 먼저 시선을 돌린 건 그였다. 그는 명함을 건네는 자신의 오른손을 바라봤다(*명함을 받으라는 것이다*). 목소리와는 다르게 길고 섬세한 손이었다. 손톱 정리도 깔끔했다. 임태연은 홀린 듯 명함을 받아 들고 물었다.

"출근은 언제부터 하면 돼요?"

임태연은 실장님 다음으로 M 병원에 입사를 결정한 물리치료사였다. 그들은 개원 예정인 물리치료실을 함께 채워가는 사이가 되었다. 말하자면 돈독한 창립 멤버가 된 셈이다. 수천만 원씩 주고 독일에서 들어온 최신식 전기치료기를 배치하는 것도 둘이 했고, 마트 구석구석을 들러 자잘한 집기류를 사들이는 것도 둘이 했고, 찜질 팩 수건을 빨고 개는 것도 둘이 했다. 일요일은 당연히 따로 보낼 줄 알았는데 실장님은 스터디를 제안했다. 개원하면 초기 환자 대응력에 따라 입소문의 여파가 결정된다고, 태연 쌤은 임상경험이 부족하니 모자란 부분을 함께 채워보자 했다.

임태연의 귀에는 그 말이 '내 관심은 온통 너야로 해석되어 들렸다. 그게 착각이 아니라는 확실한 이유가 또 있었다. 실제로 개원 후에 실장님이 하루도 빼먹지 않은 말이 있었는데, 출근하자마자 가운을 갈아입고 나오는 임태연을 산뜻하게 바라보며 "잘 어울려, 태연 쌤은!"하는 것이었다(*가운이 잘 어울린다는 말은 일을 잘할 것 같다는 말이지, 좋아한다는 말은 아니었으며, 사랑한다는 말은 더더욱 아니었으나, 그때까*

지만 해도 임태연은 그걸 꿈에도 몰랐다).

_____ **태희 : 질투는 나의 힘**

물리치료실에 세 번째 멤버가 합류했다. 해운대에서 왔다고 해서 '해운대 쌤'이라 불렸다. 함께 일한 지 일주일쯤 지난 어느 날, 해운대 쌤이 임태연에게 물었다. "태연 쌤은 실장님이 그렇게 좋아?" 깜짝 놀란 임태연이 의자에 나동그라졌다. 그러나 그 순간 임태연은 직감했다. 한순간, 한순간 이렇게 조마조마한 감정이 드는 것이 사랑이구나. 나는 지금 사랑을 하고 있는 게 맞구나.

이내 실장님의 진심을 알게 되는 사건이 생겼다. 온 동네가 커다란 찜통이 된 것처럼 숨 막히는 여름밤이었다. 낮 동안에도 쉬는 틈 없이 열정적으로 일했으므로 몸은 몹시 피로했지만 쉽사리 잠들 수 없을 것 같았다. 결국 임태연은 반바지에 슬리퍼 차림으로 사거리의 새로 생긴 아이스크림 가게로 향했다. 그리고 거기서 못 볼 꼴을 보고 말았다. 실장님이 다른 여자에게 아이스크림을 떠먹여 주고 있었다. 그간 임태연에게는 한 번도 보인 적 없는 수줍은 소년의 자세로 말이다. 그리고 실장님도 실장님이지만 그 옆에 앉은 여자의 정체가 더욱 충격적이었다. 그녀는 '태희'라는 이름의 간호사였다.

그녀의 주요 업무는 담당 원장님의 환자 차트 기록을 정비하여 물리치료실로 넘겨주는 것이었다(*지금은 전산으로 처리하는 것이 일반적이지만 당시에는 수기로 기록한 차트를 사람의 발로 움직여 옮겼다*). 그 업무에는 환자의 과거 병력과 당일 검진 내역을 추가로 메모하고, 원장님이 기록하지 않은 구두 처방은 무엇인지 소통하는 역할까지도 포함되었다. 그런데 그녀는 같은 말이라도 좀 재수 없게 하는 편이었다.

마치 자기가 상전이라도 되는 것처럼 툭툭 명령조로 말을 던지고 가버렸다. 그 뒷모습이 어찌나 얄미운지 저절로 주먹에 힘이 가해졌다. 그런 그녀가 실장님의 취향이었다니! 임태연은 울고 싶어 졌다. 화가 나고 억울했다. 무엇보다 믿고 싶지 않았다.

　다음날 임태연은 해운대 쌤에게 어딜 좀 같이 가달라고 부탁했다. 둘은 해운대행 시외버스를 탔다. 목적지는 '바다 절경과 함께 명품 쇼핑을 즐긴다'라는 슬로건을 내세우고 개관한 호텔 내 초대형 명품관이었다. 지하 1층에는 화장품, 지상 1층에는 귀금속, 2층에는 여성의류가 자리해 있었다. 임태연은 좌우를 살피지 않고 목적지가 분명한 VIP고객처럼 성큼성큼 어디론가 향했다. 그곳은 2층 안쪽에 위치한 속옷 전문 매장이었다. 코디네이터라는 이름표를 단 여성이 둘을 소파로 인도한 뒤 향긋한 로즈 티를 정성스럽게 우려내 주었다. 그런 다음, 자연스럽게 자신이 느낀 그녀들(*임태연과 해운대 쌤*)의 첫인상에 대해 조곤조곤 이야기했다. 전문가의 눈으로 바라본 고객의 분위기를 차분하게 읽어주는 것이었다. 그 얘길 듣고 있자니 서서히 마음이 달뜨면서 설렘과 행복, 만족 같은 감정들이 휘몰아쳤다. 그러고는 자리에서 일어나 방금 들은 자신의 분위기에 어울리는 속옷이 진열된 곳으로 향했다. 그런데 팬티 한 장에 오십만 원?

　임태연은 코디네이터의 설명을 진지하게 경청하며 여러 가지 속옷을 입고 벗는 시간을 가졌다. 물론 탈의실에서 나올 때는 겉옷을 입고 있는 상태였는데, 안에 입은 속옷에 따라 임태연의 자태가 미세하게 달라졌다. 볼이 발그레해졌다가, 차분하고 도도한 분위기를 풍겼다가, 다음번에는 새초롬해졌다. 그중 단연 눈에 띄는 것은 마지막에 입은 속옷 세트였다. 그걸 입고 탈의실에서 나오는 임태연은 뭐랄까…, 초연한 느낌이었다. 발랄한 가운데 깊이가 느껴지는 여자의 분위기였다. 그 모습 그 자체로 '난 정말 괜찮아요'라고 말하는 것 같았다. 임태연은 마지막에 입어본 속옷 세트를 구입했다.

_____ **다시 석촌호수 벚꽃 길**

그날, 그러니까 실장님과 태희 쌤의 데이트 장면을 목격한 그날 밤. 그날이 임태연의 인생에서 가장 초라한 날이었다. 그렇다고 당시 형편으로 명품 속옷을 사는 건 미친 짓이었지만, 돌아보면 잘한 짓이었다. 결정적인 계기가 되었으니까 말이다. 그날 이후로 임태연은 눈치 보는 버릇을 버리고 시선을 정확하게 처리했다. 허둥지둥 여러 번 움직이는 일 없이 몸짓에 여유를 부렸고, 틀린 선택을 하더라도 자신을 미워하지 않았으며, 누군가의 거절에도 초연했다. 자신을 소중하게 대하는 사람들의 전형적인 변화 곡선을 따라 식습관에도 변화를 주었다. 일하는 중간중간에 집어 먹던 빵을 멀리하고 식사 시간에 반 공기만으로도 포만감을 느끼는 법을 익혀갔다. 전신 거울 앞에 설 때마다 차근차근 젖살이 빠지고 군살이 정리되는 것이 보였다. 그리고 혼자 만족하듯 중얼거렸다. "다이어트한 거 아닌데 저절로 살이 빠지네?"

■ 나에게 중요한 것은 낭만이다. 규칙과 형식은 내 몸에 잘 맞지 않더라. 그보다는 그때그때 흐르는 리듬에 몸을 맡기는 걸 훨씬 잘하고 또 좋아한다. 그러다 보니 대책 없다는 소릴 많이 듣지만, 뭐 상관없다. 인생에서 최대치의 낭만을 누리고 살기 위해서는 불협화음과 친해져야 한다. 작은 실수나 사소한 것들에 발목 잡히면 끝장이다. 낭만 없는 칙칙한 세상을 무슨 낙으로 사나. 난 그러기 싫다. 죽어도 싫다. 아참! 지금 이러고 있을 때가 아니지! 내일 촬영인데, 이렇게 늦게까지 돌아다니면 피부 상하는데…… 어서 들어가야지.

널 보면
즐거운 기대가 생겨

웃는 얼굴이 유난히 화사한 사람이 있죠? 그들의 비결은 노란색 분위기에 있습니다. 노랑은 흰색 다음으로 밝은 색이며 햇빛의 색인데요. 햇살이 어디든 화사하게 녹아들 듯, 노란색 그녀는 처음 만나는 사람과도 막역한 죽마고우처럼 웃고 떠들 수 있으며, 한자리에서 여러 사람의 얘기를 두루두루 섞는 것에도 능통하죠. 사람들은 노란색 그녀의 주눅 들지 않는 몸짓에서 희망차다는 인상을 받아요. 노란색 그녀와 함께라면 뭐든 잘 풀릴 것 같고, 마냥 행복할 것만 같은 거예요. 곧이어 노란색 그녀의 청명한 웃음소리가 들리고, 누군가가 따라 웃고, 또 다른 사람이 함께 웃고, 점차 한 사람, 두 사람, 세 사람, 여러 사람의 웃음소리가 화음을 이뤄요. 이렇게 노란색 그녀에게는 언제 어디서나 사람들의 웃음소리를 끌어모아 즉흥연주를 선보이는 즐거운 재주가 있어요.

'그런데 그게 꼭 노란색 그녀 덕분이라고 말할 수 있느냐', '그걸 어떻게 확정적으로 말할 수 있느냐' 하는 의문이 있을 수 있지요. 하지만 그건 간단한 문제입니다. 어느 날 노란색 그녀가 없는 자리에 참석해 보면 쉽게 알 수 있습니다. 어마어마한 활기로 가득 찼던 자리에 내려앉은 적막감의 무게가 곧장 느껴질 테니까요. 이처럼 '들고 난 자리'가 가장 크게 발견되는 유형이 바로 노란색 분위기 미인들입니다.

튼튼한
마음가짐으로

 노랑은 순간적인 감정을 자극하는 색으로 알려져 있습니다. 그래서 노란색 그녀는 갑자기 대담해지거나 순간적으로 재밌는 결정을 할 때가 많아요. 그만큼 사랑에 빠질 기회도 많고요. 그만큼 상처도 많이 받아요. 그렇지만 노란색 분위기 미인이 연애에 임하는 자세는 한결같습니다. 티 없는 장난꾸러기가 바다 수영을 하는 것처럼 간 보며 발만 담그는 법은 절대로 없고요. 몸을 아끼지 않고 첨벙첨벙 소리를 내며 입수합니다. 큰 파도감정가 몰려올 때면 몸을 붕 띄워 하늘로 솟구치고, 잔잔한 파도감정가 밀려오면 아장아장 귀엽게 물장구칩니다. '다음 파도는 어떤 파도일까' 이런 예상을 하는 데 시간을 낭비하지 않고 그저 그때그때 가까이 다가온 파도에 온 신경을 집중하며 종일 지치지도 않고 바다 수영을 즐기는 거죠. 그렇게 사랑에 빠진 노란색 그녀의 모습을 지켜보고 있노라면 '세상을 다 가진 사람의 얼굴은 저런 얼굴일 거야' 하는 생각이 들어요.

 만약 그 연애의 결과가 이별이라면, 노란색 그녀는 유난히 고통스러울 수밖에 없습니다. 보통은 그만한 고통 앞에 서면 마음의 문을 닫겠지만, 감정을 소중히 여기는 노란색 그녀는 좀 다른 행보를 보입니다. 한층 더 충동적인 결정을 해버리죠. 눈물이 나면 펑펑 울고, 술이 고프면 진탕 마시고, 물욕이 생기면 쇼핑도 아낌없이 합니다. 주변에서 "너 어쩌려고 그러냐? 정신 차려야지!" 하며 핀잔과 꾸중을 줘도 아랑곳하지 않고 제 감정이 이끄는 대로 따릅니다. 그렇다면 정말 앞으로 어쩌겠다는 대책이 없는 걸까요? 아무래도 노란색 그녀라면 대책까지 있지는 않을 겁니다. 대신 패기가 있어요. 상처, 불안, 고통, 격분 같은 감정 앞에서 제대로 휘청거려봐야 그걸 버티고 일어설 감정 근육이 튼튼해지는 것이며, 그래야 자신의 다음 사랑이 건강할 것이라고 굳게 믿고 있어요.

■ 노란색 그녀를 사랑한다면

첫째, 감정을 감추지 말아요. 따지고 재지도 말고요.

둘째, 함께 즐길 수 있는 활동적인 취미를 탐색해 보세요. 그녀와 금세 가까워질 겁니다.

셋째, 가끔 감정적인 피로감을 느낄 수 있어요. 그녀와 거리를 두고 싶을 땐 '네가 싫어서'가 아니라 '내가 피곤해서'라는 뉘앙스를 정확히 전달해 주세요.

넷째, 모두에게 다정다감한 그녀에게 질투를 느낄 때가 있을 거예요. 그럴 땐 자존심 상해 하지 말고 솔직하게 말해보세요. 그녀가 평생 잊을 수 없는 애정 표현을 해줄 겁니다.

다섯째, 반대로 그녀가 어떤 일로 섭섭해한다면 '함께 하는 시간'을 평소보다 조금만 늘려주세요. 그녀는 언제 그랬냐는 듯이 화사하게 피어날 겁니다.

감정을
소중히 합니다

노란색 분위기 미인의 주요 기질인 '즉흥성'은 인생에 재미와 활력을 더해주지만, 충동적인 결정으로 인해 때론 심각한 문제가 생기기도 하고, 자신이 다치기도 합니다. 하지만 문제의 핵심이 '감정을 따랐다'에 있지 않고 '선을 넘었다'에 있다는 걸 차츰 알아갈수록 노란색 그녀의 인생은 감정적으로 더욱 풍요로워집니다. 타인에게 피해를 주지 않는 선에서 자기가 원하는 것이 무엇인지 기민하게 파악하고 거기에 솔직하게 응답할 줄 아는 것— 물론 이건 꽤 어려운 일이지만요. 계속해서 지루하고 칙칙한 일상을 살아야 한다거나, 반대로 지나친 충동성으로 인해 뜻밖에 봉변을 당하는 것보다야 훨씬 안락하면서도 즐거우니까요. 노란색 그녀는 이 부분에 대한 노력을 충분히 기울이는 편입니다.

초기 낭만파 음악가들은 이성 중심적인 사고방식에 격렬히 반대하며 사물과 사건에 대한 개인적인 반응을 중요한 기준으로 삼았대요. 그들이 사랑했던 것은 불규칙, 복잡함, 불협화음이었고 그것에서 영감을 받아 새로운 영역을 개척해 나갔어요. 계몽주의자가 딱 부러지게 설명할 수 없는 것에 어떤 의미도 가치도 부여할 수 없다고 주장한 반면, 낭만주의자는 논리로 풀어내지 못할 신비와 뜨거운 감정이 바로 진리라고 생각했지요. 노란색 그녀는 그 시절 낭만주의자의 마음을 충분히 이해합니다. 바쁜 현대사회에서도 낭만이 밥 먹여주냐고 꾸짖는 사람이 더러 있지만, 노란색 그녀가 경험한 바에 의하면 밥 먹여줍니다. 아주 작은 낭만의 순간을 온몸으로 꾸려가는 삶에는 다양한 감정이 뒤섞이기 마련인데요. 그중엔 분노, 모욕감, 실망감, 야속함 같은 것도 있어요. 아무럼 노란색 그녀가 그런 감정을 일부러 느끼고 싶겠어요? 그렇진 않죠. 그러나 그런 감정 하나까지 피하지 않고 받아들일 때 생기는 이점을 잘 알고 있으므로 그냥 흡수하는 겁니다.

그 이점이 무엇이냐고요? 그게 궁금하다면 노란색 그녀가 겪는 감정의 순환 과정을 이해하면 돼요. 1단계는 즐거움이에요. 노란색 그녀가 실제로 움직이는 곳곳에는 거의 다 즐거움이 따라다녀요. 2단계는 고통이에요. 이유야 때때로 다르겠지만 반드시 2단계가 찾아와요. 그리하여 2.5단계라 할 수 있는 성찰의 시간을 보내게 돼요. 그리고 마지막 3단계에 이르면 기쁨과 감사가 있어요. 노란색 그녀는 이러한 감정의 순환 과정을 따라 살기에 기본적으로는 공허하지 않고요, 뭉클한 날도 더러 있고요, 명랑한 날에는 더 많이 감사할 수 있어요.

그런데 그게 밥 먹여주는 거랑 무슨 상관이냐고요? 살다 보면 누구나 긍정적인 정서가 결핍될 때가 있잖아요. 그럴 때 감정 근육이 튼튼한 노란색 그녀는 여분의 감정을 넉넉히 나눠줄 수 있어요. 그러면 상대는 말로 설명할 수 없는 고마움을 느끼며 기회가 될 때 노란색 그녀에게 도움을 주고 싶어 해요. '사람이 곧 재산'이라는 말은 노란색 그녀들의 이러한 행보에서 나온 게 아닌가 싶네요. 이따금 일각에서는 그러한 감정 교환의 가치를 폄하하며 노란색 그녀를 향해 야릇한 시선을 보내기도 하는데요. 어차피 노란색 그녀에게 중요한 것은 '남들이 어떻게 바라보느냐'가 아니라 '자신이 어떤 입장으로 사느냐' 하는 거니까요.

매우 중요한 사안이 아니라면 시시비비를 따지는 데 시간을 쓰지 않는 사람, 그저 오늘의 기분에 맞게 때론 발랄한, 때론 울적한, 때론 씩씩한 걸음을 내딛는 사람. **노란색 분위기 미인**입니다.

제3장

청량하고 맑은,
파란색 분위기 미인

캐릭터 소개

이해수

그녀의 소신 "이별을 연습합니다"

밝은 파란색은 회의에서 솔직하게 의견을 밝히면서도 침착한 태도를 유지해야 할 때 도움이 되는 색이다. 어두운 파란색은 눈앞의 업무에 집중하게 해 준다. 특히 세심한 작업을 수행할 때 도움이 된다. 든든하고 믿음직하며 아는 것이 많은 사람으로 비치고 싶을 때 진한 파란색 옷을 입어라. 그러나 파랑을 지나치게 많이 쓰면 당신은 차갑고 냉담하고 불친절해 보일 수도 있다.

— 책 『컬러의 힘』 중에서

냉정한 년으로 산다는 것

파란색 분위기 미인을 만나면 사람들은 약간 긴장을 해요. 왜냐하면 파란색 그녀에게는 '가까이 다가오지 말라'는 심리적 경계선이 분명히 느껴지거든요. 아무도 '선을 넘는 사람'이 되고 싶지는 않을 테니까. 긴장한 쪽 사람들은 금을 밟지 않기 위해서 신경을 곤두세우게 되는데요. 그럴 때 피로감이 동반되긴 하지만 은근히 들뜨는 것도 사실이에요. 소개팅을 나간 사람처럼 허리를 쭉 펴고 앉아서 예의 바른 목소리로 말하다가 차가운 음료 한 모금을 쭉 빨아 마시는 그 쫄깃한 기분이 가히 나쁘진 않단 말이죠. 이따금 들리는 파란색 그녀의 말소리에 귀를 기울이다 보면 그녀가 굳건히 지키는 그 선 안의 세계가 상상되는데요, 원래 상상이란 게 부풀려지게 마련이잖아요. 어느새 정체 모를 청량감에 휩싸여서 파란색 그녀의 세계에 입장하고 싶다는 열망을 느껴요.

이처럼 파란색 분위기 미인은 빨강과 노랑과는 완전히 다른 매력을 갖고 있습니다. 그 차이점을 얘기하기에 앞서 질문을 하나 할게요. 빨강, 노랑, 파랑이 삼원색인 이유가 뭔지 아세요? 다른 색은 팔레트에 섞어서 만들 수가 있는데 이 세 가지 색은 아무리 혼합해도 만들 수가 없기 때문이래요. 따라서 독자적인 색이라 할 수 있는 삼원색의 매력을 비교해 보는 건, 자신만의 분위기를 연출하는 데 있어서 꽤나 효율적인 방법입니다. 우선 파란색 그녀는 오해받는 걸 극도로 싫어합니다. 이러한 특징은 특히 노랑과 대조적인데요. 파랑이 오해라는 커다란 태풍을 피해서 자신만의 동굴을 깊이 파서 조심스럽게 살아가길 바라는 반면, 노랑은 나뒹굴고 찢어지더라도 태풍을 온몸으로 느껴보는 풍성한 삶을 원해요. 따라서 인생의 중요한 결정 앞에서 둘의 태도는 완전히 다른데요. 파랑은 과열된 감정이 떠나고 성찰적 사고가 가능할 때 움직이고, 노랑은 곧장 이동하여 하나씩 겪어보며 깨달아가요. 파랑에게 용기가 부족하다면 노랑에게는 참을성이 부족한 셈이죠.

제 경우엔, 제 안에 짙게 깔린 파란색을 부끄러워한 경우였어요. 겉보기엔 멀쩡해 보여도 속엔 형편없이 뭉그러진 웅덩이 같은 게 있다는 걸, 저는 잘 알고 있었으니까요. 아주 어릴 땐 부모님의 양육 방식을 탓해보기도 했는데요, 꼭 그런 것만도 아니더라고요. 중학교 3학년 때였을 거예요. 하루는 세 살 터울 남동생을 붙잡고 문제를 냈어요. 요즘 유행하는 밸런스 게임과 비슷한 개념의 문제였어요.

"만약에 말이야, 오늘 하루 엄청나게 피곤했어. 그리고 너는 곧 집에 도착해. 네가 선택할 수 있는 건 둘 중 하나야. 1번은 조도 낮은 조명이 잔잔하게 깔려있고 나직한 음악 정도만 들리는 '쥐 죽은 듯 조용한 집'. 2번은 형광등이 완전 환하게 켜져 있고 된장찌개 냄새 팍팍 풍기며 '시끌벅적한 TV 소리가 들리는 집'. 너는 어느 쪽인데?"

제 입장에선 고민할 것도 없이 1번이었거든요. 남동생도 고민 없이 바로 "당연히 2번이지!"라고 답했어요. 실제로 저는 지금도 혼자 살고요, 남동생은 사랑스러운 올케와 예쁜 조카와 함께 살아요. 그러니까 이것은 기질의 문제이며, 둘은 다른 방식으로 살아가며 각자에게 부여되는 고충과 한계를 감당합니다.

파란색 그녀가 관계로 인해 방전되는 사람인 데 반해, 노란색 그녀는 관계를 통해 충전되는 사람이에요. 예를 들면 파란색 그녀는 쉴 때 아무 말 없이 입에 거미줄을 치는 것이 행복이지만, 노란색 그녀는 누구라도 만나서 그간의 썰을 잔뜩 풀어야 살맛이 나는 거예요. 파란색 그녀가 혼자 밥을 먹고 혼자 영화를 보고 혼자 술까지 마실 수 있는 반면, 노란색 그녀는 사람들 사이를 오가는 길이 천 리라도 전혀 귀찮거나 피곤하지 않은 사람이고요. 어떤 도움이 필요할 때도 마찬가지예요. 파란색 그녀가 골백번 고민하다가 결국 입을 못 떼고 어떻게든 제 힘으로 해내느라 끙끙 앓고 있을 때, 노란색 그녀는 기꺼이 도와달라고 소리친 후에 자기 안에 뭐라도 돌려줄 만한 게 없는지 찾느라 여념이 없어요.

그렇다면 빨강과 파랑은 어떨 때 가장 큰 차이를 보일까요? 제가 관찰한 바에 의하면 애착 대상을 잃었을 때였습니다. 평소 대부분의 관계와 먼 거리를 유지하는 파란색 그녀일수록 애착 대상에게 더 깊이 빠지는 경향을 보이는데, 실제로 빨간 불꽃의 온도는 300~400℃ 정도지만 파란 불꽃의 경우 충분히 연소되면 609℃ 정도까지 도달한다고 해요. 그런 상황이다 보니 둘이 이별 이후에 보이는 양상이 조금 달라요. 아직 더 뜨거워질 용의가 있는 빨간색 그녀는 더욱더 수렴되는 쪽이고요. 하얗게 불태운 파란색 그녀는 어디론가 발산되는 방향으로 향해요. 쉽게 말해서 빨간색 그녀가 뭔가에 집중하는 일상을 꾸리는 반면, 파란색 그녀는 자신의 견고한 울타리 너머를 탐색하는 시도를 해요.

눈치챘겠지만 빨간색 그녀인 최은수와 마찬가지로 〈파란색 분위기 미인, 이해수〉도 이번 이야기 속에서 이별을 경험합니다. 아무래도 둘은 상당한 온도 차이를 보이는 인물이다 보니 슬픔을 대하는 방식도 다르고 내일을 준비하는 태도도 달라요. 가장 큰 차이를 보이는 건 '이별 이후에 무엇을 우선시하게 되는가' 하는 부분이에요. 구체적인 상황은 이야기를 통해 전할게요. 청량하고 맑은 파란색 그녀의 이야기를 시작할게요.

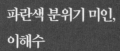

파란색 분위기 미인,

이해수

(놀랄 해態, 빼어날 수妁)

"이별을 연습합니다"

이해수의 휴대폰에는 198개의 전화번호가 저장되어 있다. 어떤 관계와 어떻게 끝이 나든 전화번호를 잘 지우는 편은 아니었다. 되도록 그런 일이 없길 바라지만, 취중 혹은 실수로 잘못 누르는 경우를 대비해서였다. 가끔은 상대로부터 비슷한 연락이 오곤 했는데 그때도 '누군지는' 알아야 속이 편했다. 그런데 메신저 기능이 문자메시지에서 카카오톡으로 옮겨지면서 은근슬쩍 나쁜 버릇이 생겼다. 틈새 시간에 하릴없이 카카오톡 프로필 사진을 뒤적이고 있는 것이다. 보고 나면 미세하게 속이 울렁거렸다. 지나간 인연들에 대한 그리움, 미련, 아쉬움 같은 것들이 마구 섞여서 명치끝을 때렸다. 그런 울렁거림을 잠재우기 위해, 온라인 쇼핑몰을 돌다가 비싸진 않지만 쓸데없는 걸 하나 사들이곤 했다.

어릴 때부터 이사도 자주 다녔고 대학도 지방으로 가게 됐으며, 연애도 꽤 많이 한 편이라, 그만큼 자주 헤어져 봤다. 가까운 친구들은 이해수에게 "진짜 쿨한 년"이라고 욕인지 칭찬인지 모를 말을 던졌다. 이해수도 어느 정도 인정하는 바였다. 그런데 올 초에 좀 이상한 말을 들었다. 그날은 아마 목요일이었을 거다. 이해수는 오래간만에 일찍 퇴근해 볼 심산으로 자기 몫의 시재 마감을 얼른 마쳤는데, 은행 탕비실 쪽에서 여럿이 키득거리는 소리가 들렸다. 기업 금융 파트로 승진한 후로는 저쪽 창구 직원들과 소통할 시간이 거의 없던 차라, 이해수도 슬쩍 그쪽으로 갔다. 패션 쪽에서 일하는 남자라더라, 청담동 어디서 만나기로 했다, 입고 갈 옷이 없네 등 그 주 주말에 소개팅이 잡힌 박 주임은 아주 신이 나 있었다. "요 앞 사거리에 타로 가게 생긴 거 알아? 거기 진짜 괜찮다더라.", "미리 알아보고 가는 것도 나쁘지 않죠." 타로 얘기가 나오자 이해수는 옆에서 맞장구를 쳤고, 거기 있던 넷이 함께 가는 분위기가 됐다.

간판만 타로 가게지 메뉴를 보아하니 사주 풀이와 신점이 주력이었다. 박 주임이 고른 소개팅 타로의 그림 해석이 끝나자 주인은 서비스로 신년 운세를 봐주겠다고 했다. 그때 이해수는 이런 말을 들었다. "아가씨는 인연이 많이 들어오는 팔자네. 올해도 많아 보여. 그러면 뭐 해. 버려지기 전에 먼저 떠나는 스타일인데. 사람을 끝까지 믿질 않아. 그거, 본인이 제일 괴로울 텐데 어지간해서는 고치기가 힘들지. 그게 어디서부터 왔는지, 누구로부터 시작됐는지 알아야 돼. 어떻게, 아가씨 사주로 인연법 한번 풀어 볼래요?"

마음이 휘청 기울면서 하마터면 그러자고 할 뻔했지만, 얼른 중심을 잡고 정중히 '됐다' 했다. 점쟁이 말에 휘둘렸다가 돈 버리고 마음 상하는 사람들 여럿 봤다. 거길 나오면서도 '미신이야, 미신. 믿을 게 못 돼'라며 자기 마음에 단단히 약을 쳤다. 그렇게까지 했는데도 잊을 만하면 한 번씩 그 말이 떠올랐다. 전부는 아니고 부분적으로, 그때그때 상황에 맞게. 어떤 때는 '사람을 잘 믿질 않는 나의 성미'를 탓하게 됐고, 어떤 때는 '누가 내 인연법을 꼬기 시작했는지'에 호기심이 생겼다.

_____ **서른**

앞에 3자를 다니까 어떠냐고 묻는 사람이 많았는데 나이를 한 살 더 먹었다고 딱히 달라진 건 없었다. 평일엔 야근하고, 주말엔 쉬고, 매일 비슷한 점심 메뉴를 선택했다. 다니던 은행에서 승진과 함께 부서 이동이 있었지만 그건 나이와는 관계없었다. 본사가 '성과가 있는 곳에 보상이 있다.'라는 원칙을 재확인시키겠다면서 대규모 인사를 단행했기 때문이었다. 연봉이 9%쯤 올랐는데 회사는 딱 그만큼 부려먹을 계획이 있었다. 거래 대상이 개인에서 기업으로 바뀐 후로 외근, 영업, 회식같이 발로 뛰는 업무가 늘어 여러 날 몸살을 앓았다. 하지만 만족스러운 게 없는 건 아니었다. 예를 들면 분리된 책상에서 업무를 볼 수 있게 되어 서류철을 싹 교체한 것, 낮에 아이스 아메리카노를 쪽쪽 빨며 햇볕을 쬘 수 있게 된 것, 비효율적인 업무 시스템에 대한 본사 직통 발언권을 갖게 된 것들 말이다.

변한 게 하나 더 있었다. 작년 말에 엄마 등쌀에 못 이겨 반강제로 가입한 결혼정보회사에서 등급을 2단계나 상향 조정해 준다고 전화가 왔다. 요즘 결혼 시장에서는 배우자의 비유동자산보다 매달 현금 흐름에 보탬이 되는 연봉 자체를 많이 보는 추세라면서 축하한다고도 전했다. 이해수는 은행원인 자기한테 쓰는 일종의 비유인지, 정말로 다들 그렇게 생각하는지 헷갈리는 얼굴로 잠자코 휴대폰을 들고 있었다. 이 전화를 끝까지 받지 않으면 당분간 엄마 전화를 더 자주 받게 될 텐데, 그쪽이 훨씬 피곤한 일이다.

매니저의 목소리는 친절했지만 사무적이었다. 대화를 한다기보다는 매뉴얼대로 자기 할 말을 전했다. 다음 멘트는 '결혼 적령기'에 대한 안내였다. 꽤 길게 얘기했는데 요약하자면 이랬다. 첫째, 통계청에 따르면 평균 초혼 연령은 시간의 흐름을 따라 꾸준히 상승했다. 둘째, 초고속 성장의 시대에 태어난 X세대의 결혼 적령기를 보면 남성 27.8세, 여성 24.8세였다. 셋째, 20년이 지난 지금은 남성 31.9세, 여성 29.1세 정도다.

여기까지 들은 이해수가 입을 열었다. "나름 발전적이긴 한데, 여전히 많은 여자들이 서른을 무서워한다는 증거기도 하네요." 매뉴얼을 따라가기에 바빠 보이던 매니저가 갑자기 실소를 터트렸다. "하하, 아직은 그게 현실인 것 같습니다." 이어 그가 속삭이듯 말했다. "이건 공식적인 내용은 아닌데요, 솔직히 요즘 이 시장에선 결혼 적령기를 아예 넘겨버린 35세 정도의 여성들이 더 잘 나가는 추셉니다. 이유가 뭔지는 설명이 좀 어려운데, 실제로 20대 후반 여성들보다 그쪽 성사율이 더 높아요. 아무래도 여유, 그래요! 연륜과 함께 마음에 여유가 생겨서 그런 것 같습니다."

'뭔 몇 년 사이에 연륜씩이나 생겨.' 이해수는 속엣말로만 툴툴대다가 전화를 끊고 창밖을 바라보았다. 보슬비와 벚꽃잎이 짝을 이루어 눈처럼 펄펄 내리고 있었다. 날씨 탓인가, 결혼 적령기 타령 탓인가. 약간 감성적인 기분이 들었는지 어느새 또 카카오톡 프로필을 둘러보고 있었다. 이러다가 분명 뭐라도 하나 사게 될 것이다. 가랑비에 옷 젖는다고, 그렇게 몇천 원, 몇만 원씩 충동 소비를 한 게 이번 달엔 20만 원이 넘었다. '나 심각하네?' 단순히 스트레스 때문이라고 덮어두는 걸 멈추고 근본적인 걸 짚어봐야겠다는 생각이 들었다. 감상적이면서 동시에 또렷해지는 밤이었다.

열일곱

이해수의 적성 검사 결과표에는 문과 쪽인 빨간색에 비해 이과 쪽 파란색 그래프가 월등히 높은 산을 그리고 있었다. 결론은 정해져 있었지만 형식상 부모님 면담이 진행되어야 했는데, 집에 부모님이 안 계셨다. 아버지는 진즉부터 집에 안 들어오셨고 엄마는 이틀 전에 지방에 사는 이모네에 다녀오겠다고 급하게 나가셨다. 남동생은 "뭐야? 이게 무슨 일이야?"라며 멍한 얼굴을 했지만 이해수는 정확히 알고 있었다. 석 달 전에 아버지의 회사가 1차 부도 통보를 받았고 내일까지 은행에 돈을 넣지 못하면 최종 부도처리될 것이다. 이모가 마음을 크게 먹고 담보대출을 받아준다 해도 턱없이 부족한 금액일 것이다. 어느 정도 예견하긴 했지만 막상 그날이 하루 앞으로 다가오니 컥 하고 숨이 막혔다.

이제껏 경험하지 못한 여러 가지가 이해수 곁을 지나갔다. 가장 먼저 온 것은 '궁 핍'이었다. 그건 괜찮았다. 경험해 보니 조금 불편하면 되는 일이었다. 다음으로 온 것 은 '핍박'이었다. 집 앞과 학교 앞으로 찾아온 빚쟁이들이 아버지의 행방을 물으며 갖 은 인상을 썼다. 그것도 괜찮았다. 아버지가 계신 곳이 궁금한 것은 이해수도 마찬가 지였으므로, 진심으로 그것에 대해 되물으면 빚쟁이들은 똥 밟은 표정을 짓고는 그 냥 가버렸다. 물론 그들 중 몇몇은 지독했으나 피차 방법이 없다는 걸 알기에 대부분 끈기를 발휘하지 못했다. 그러던 어느 날, 아버지가 나타났다.

그러니까 그날도 이해수는 야간 자율학습을 1시간만 채우고 편의점 방향으로 죽 어라 뛰고 있었다. 애들 야간근무 시키다가 걸리면 벌금이 얼만 줄 아니? 배보다 배 꼽이 더 커. 편의점 사모는 틈날 때마다 그렇게 말했다. 잘리고 싶지 않으면 잘하라는 말이었다. 이해수는 사모가 감당하는 배꼽의 크기에 보답하기 위해 열심히 왼발 오 른발을 교차하며 뛰었다. 교문을 나와 분식집을 지난 뒤, 횡단보도를 건너고 지름길 로 통하는 좁은 골목을 통과했다. 가쁜 숨을 한 번에 내보내기 위해 상체를 한껏 젖 혔다가 고개를 들었을 때, 아버지를 보았다. 가로등의 사각지대에서 반대 방향을 흘 깃거리며 약간은 안심한 표정으로 담배를 피우는 그 중년 남자는, 분명 자신의 아버 지였다.

이해수는 알고 있었다. 아버지는 집을 나간 사람이 아니라 집에 들어올 수 없는 사 람이라는 것을. 그래서 원망 같은 것은 일절 하지 않고 성숙한 장녀답게 공부도 하고 아르바이트도 하고 있었다. 그런데 저기서 음침하고 축축하게 서 있는 아버지를 보 니 화가 치밀어 올랐다. 앞가슴이 뻐근했다. 아버지가 미웠다. 입술을 잘근잘근 깨물 며 아버지의 등 뒤에 가서 섰다.

계속해서 반대 방향을 살피던 아버지는 다른 쪽에서 느껴지는 인기척에 화들짝 놀라며 "해수야!" 했다. 놀란 와중에도 아버지의 목소리에는 조마조마함이 담겨 있었다. 자신의 우상, 자신의 꿈, 자신의 행복이 저렇게 작아진 것이 속상해서, 이해수는 왈칵 눈물을 쏟아냈다. 그리고 해수는 그날 그렇게 목 놓아 운 것을 오래도록 후회했다. 어쩌면 아버지가 스스로 목숨을 내놓는 데 결정적인 역할을 한 것은 자신이 아닐까, 생각하고 또 생각했다.

그 사건 이후 온 것은 '통증'이었다. 손발이 저렸고 가슴팍이 따끔거렸으며 머리통 전부가 조였다. 그때 이해수는 처음으로 담배를 입에 물었다. 말보로 멘솔이었다. 눈을 질끈 감고 단숨에 쭉 허파까지 연기를 밀어 넣었다. 목구멍 아래로 알싸한 멘솔향이 퍼졌다.

_____ **스물하나**

"해수 걔, 재수해서 입학한 애, 서울에서 좀 놀았나 보던데?", "듣기로는 정학도 한 번 먹고 아버지는 건축 회사 대표였는데 횡령 혐의로 잡혀갔나 봐.", "그래?", "조교는 전액 장학금 수혜자라던데?" 이해수를 둘러싼 소문은 차츰차츰 확산되었다. 같은 과 동기에서 타 과 동기로, 선배로, 조교로, 구내식당 아주머니로, 경비실 아저씨로, 도서관 사서로. 그렇게 말을 전하는 이들도 알고 있었다. 어떤 소문은 맞고 어떤 소문은 틀리다는 것을. 어쩌면 사람들에게 중요한 건 소문의 진위가 아니라, 소문의 당사자보다 자신이 잘살고 있다는 확인일지 몰랐다. 이해수가 101호 강의실과 102호 강의실 사이를 지나칠 때면, 제각각이던 뭇시선들이 군무를 추듯 하나로 묶였다. 뜨거운 시선도 있었고 따가운 시선도 있었다. 이해수도 다 느끼고 있었지만 내색하지 않고 또박또박한 발걸음을 내디뎠다. 그러면 또 여러 말들이 오갔다.

수업이 끝나면 학생들의 행렬은 둘로 갈라졌다. 정문 방향 아스팔트 길을 걷는 학생들은 목적지가 분명한 아침 시간 직장인처럼 반듯하고 빠르게 걸었다. 후문 방향 흙길을 걷는 학생들은 자유로운 방랑자의 행세를 하고서 느긋하게 걸었다.

후문 방향으로 난 흙길의 마지막은 하나에 30센티가 넘는 19개의 돌계단이었다. 돌계단은 조경과 절묘하게 어우러져 아름다웠지만 불편하고 위험했다. 다음 계단으로 발을 디디려면 균형 잡는 시간을 들여야 하는 실용성 없는 건축 설계였다. 새 학기가 시작되는 3월경에 돌계단 앞은 문전성시를 이루었는데, 그 이유는 그 길을 내려가다가 벚꽃잎이 어깨에 3초 정도 머물면 일주일 내로 '운명의 짝'이 나타난다는 오래된 믿음 때문이었다. 그 믿음은 실제로도 여러 쌍의 캠퍼스 커플을 탄생시켰고, 그렇게 연결된 커플이 결혼까지 골인하는 사례가 속출했다. 심지어 타 학교 학생들도 그 돌계단을 타기 위해 은근슬쩍 견학을 오기도 했다(커플 연결의 확률이 높아진 셈이다).

그날따라 유난히 돌계단 앞으로 줄이 길었다. "우-우" 함성인지 야유인지 모를 고함이 울려 퍼졌다. 자주 있는 일인데, 거기서 커플이 된 애들이 굳이 거기서 키스를 했다. 설마 하니 제대로 진한 키스를 하는 애들은 잘 없었고, 인증 정도로 가볍게 했다. 그러면 뒤에 줄 서 있던 학생들이 소릴 질러줬다. 결혼식 할 때 하객을 모아놓고 '검은 머리 파뿌리 될 때까지 잘 살겠습니다.' 하는 의식 같은 거였다.

이해수도 돌계단만 내려가면 코앞이 집(자취방)이라는 걸 핑계 삼아 거기 줄 서 있었다. 아침에 집에서 나올 때 어쩐지 비가 올 것 같은 냄새가 난다고 스치듯 생각했었는데, 역시나 보슬비가 내리기 시작했다. 미끄러질까 봐 걱정돼서 계속 줄을 서 있을까 돌아서 갈까를 망설이는데, 어깨 뒤쪽에서 커다란 하늘색 우산이 올라왔다. "같이 쓸래?" 동시에 묵직한 목소리가 들렸다.

당황한 이해수가 재빠르게 뒤를 돌아다봤다. 아는 얼굴이었다. 이해수의 학과는 학관을 단독으로 사용했기 때문에 선후배들끼리 자주 마주치는 편이었는데, 그는 그중에서도 유독 돋보이는 사람이었다. 잘생겨서가 아니었다. 소란스러워서였다. 어느 조직에나 한두 명쯤 있을 법한 유형으로, 독보적인 친화력을 통해 주변 분위기를 장악하는 유형이었다. 혼자 있을 때도 여럿이 어울려 다닐 때도 자기 얼굴과 몸 여기저기에 '안녕?' 하는 해시태그를 붙이고 다니는 것 같은, 주변 사람들이 직감적으로 그 인사에 반응하여 말을 걸고 장난을 치고 웃고 떠들게 되는 그런 사람 말이다. 이해수는 그를 멀찍이서 쳐다보며 대단하다고만 생각했다. 맹세코 좋아하거나 그러진 않았다. 아참! 모두가 그를 '원반 선배'라 불렀는데 이름 치고는 좀 특이해서 조교에게 '원반이 저 선배 이름이냐' 물어본 적은 있었다. 돌아온 대답은 영화배우 원빈을 반만 닮았다고 그렇게 부른다 했다.

워낙에 친화력이 좋은 사람이니까 이해수는 특별한 의미를 두지 않고 그러자고 *(우산을 함께 쓰자고)* 했다. 솔직히 비도 오고 기분도 울적했는데 웃을 일이 생기면 좋겠다고는 생각했다. 하지만 선배는 줄이 줄어드는 내내 조용했다. 어쩐지 어색했지만 이해수도 별다른 말은 않고 조금씩 발걸음만 옮겼다. 드디어 돌계단을 타게 되었다. 이해수는 19칸을 무사히 통과하기 위해 두 손으로 가방끈을 꽉 붙잡으며 단전에 중심을 잡았다. 계단을 세 칸쯤 내려왔을 때였다. 갑자기 선배가 '우산을 건네기까지 숱하게 고민했으며 그것은 너에게 호감이 있어서'라고 정확하게 말했다. 말하자면 사귀자는 고백이었다. 놀란 이해수는 살짝 휘청했지만 중심을 잃지는 않았다.

왜 여기서 그렇게 많은 커플이 탄생했는지 알 것 같았다. 아슬아슬한 지점마다 말소리에 띠링 하는 종소리 효과가 더해져서 감정선을 자극하는 영화 속 대사를 들을 때처럼 서서히 감정이 차오르는 느낌이 났다. 마지막 돌계단을 내려갔을 때 이해수는 선배가 내민 손을 잡았고, 그렇게 둘은 사귀기로 했다.

_____ **스물셋**

선배와 일주일째 연락 없이 지내고 있었다. 내내 둘이 붙어 다니다가 혼자 있는 시간이 많아지자 옛날을 떠올리게 됐다. 선배가 연필로 밑줄 그어놓은 소설책을 읽다가 가슴팍에 끼고 잔 날, 과자 하나 놓고 소주잔을 부딪치며 밤새 키득거리다가 세수도 안 하고 같이 학교 간 날, 진지하게 키스하는데 매미가 너무 시끄럽게 울어서 분위기 깬 날, 처음으로 아버지 얘기를 꺼내고 수습이 안 되어 엉엉 울어버린 날, 둘이 꼭 껴안고 잔 날, 불안과 불신이 많이 사라진 나날들. 그리고 물어보고 싶은데 물어보지 못해서 달싹거리던 입술, 눈에 띄게 일그러지던 미간, 안개처럼 잡히지 않는 이유가 늘어가던 나날들.

　선배는 아나운서 시험을 준비했다. 지역 방송사 아나운서는 뉴스면 뉴스, 라디오면 라디오, 예능이면 예능, 이렇게 다양한 프로그램을 소화할 수 있어야 한다면서 선배는 정말 열심히 살았다. 선배의 스케줄러에는 발성 연습, 한국어 능력 시험 준비, 논술 공부, 시사 공부, 경제 공부, 라디오 진행 연습, 필사, 신문 음독 같은 계획들이 빽빽했다. 물론 계획은 틀어지게 마련이었고 그때마다 선배는 해도 해도 끝이 없는 게 집안일이라던 엄마처럼 지친 표정을 짓고 있었다. 그러다 전문적인 교육과정으로

지도하는 아카데미에 등록했을 땐, 자신감이 붙었는지 방송국이 자길 안 뽑으면 대체 누굴 뽑겠냐는 식으로 허세를 부렸다. 하지만 석 달이 채 되지 않아 경직된 얼굴로 아카데미 원장이 딴 놈을 추천했다고 했다. 아카데미 원장이 방송국 채용 관계자였어? 이해수가 뭔가 불공정하다는 투로 물었다. 알고 보니 지방 방송사에서는 공채 공지는 가뭄에 콩 나듯 났고, 빈자리가 생기면 알음알음으로 추천받아 오디션 보는 관례가 있다고 했다.

이번엔 이해수가, 그럼 나 따라 서울 갈래? 하고 물었는데 갑자기 분위기가 싸늘해졌다. 그렇게 인맥에 좌우지되는 기회를 기다리느니 제대로 공채에 도전하는 게 낫겠다고 생각해서, 그리고 선배를 충분히 신뢰하니까 곧바로 튀어나온 말인데, 선배는 지금 누굴 놀리냐면서 자리를 박차고 일어났다. '나 따라'라는 표현이 거슬렸던 걸까? 이해수도 얼른 따라 나가서 그런 뜻이 아니라고 말하며 선배의 옷깃을 붙잡았지만, 선배는 동정 필요 없다는 말만 남기고 버스에 올라타 버렸다. 그날 일을 싸운 것으로 보아야 할지, 그저 자신의 말실수로 여겨야 할지, 잠시 연약해진 선배의 투정이었는지, 그것도 아니면…… 그냥 권태기? 생각할수록 가슴이 꽉 막히면서 식도로 신물이 올라왔다.

이별의 경계는 불명확했다. 헤어지자는 말이 나오진 않았지만 어느 날 자연스럽게 '그냥 선후배 사이'가 되어 있었다. 선배 특유의 유쾌한 웃음소리는 강의실에서도, 학생 식당에서도, 과방에서도 곧잘 들렸지만 이해수와 따로 시간을 보내지는 않았다. 심지어 같은 수업을 듣는 날에도 별말이 없었다. 다음 날에도, 그다음 날에도, 분명히 아무 일이 없지 않은데 아무 일도 없는 것처럼 지냈다. 선배와 한창 사이좋게

붙어 다닐 땐 부러움도 받았지만 우려도 많았다. 너무 좋은 티 내고 다니다가 헤어지면 평판 나빠진다더라, 결국엔 불편한 쪽이 휴학하게 되어있다, 흑역사 남기지 말고 적당히 해라 적당히. 그땐 귓등으로 들리던 말들이었지만 혹여나 그런 사태가 발생한다면 곤란해질 것이다. 어쨌거나 선배도 이해수도 졸업을 얼마 남기지 않은 취업 준비생이었으므로, 안전을 위해 되도록 조용히 헤어지고 싶었다.

"헤어졌네, 헤어졌어." 이별에 쐐기를 박아준 건 소문이었다. 슬퍼할 겨를도 없이 씁쓸한 뒷맛이 입안을 가득 메웠다. 그 맛을 헹궈줄 무언가를 찾았는데 담배가 보였다. 한 대 피우면 좋겠다 싶었지만, 한 대가 한 대로 끝날 것 같지 않았다. 담배 말고 좋은 게 뭐가 없을까 생각하다가 선배가 부적처럼 끼고 다니던 스케줄러가 떠올랐다. 곧이어 거기에 뭔가를 빽빽하게 적던 선배의 진지한 얼굴도 떠올랐다. 아니, 선배랑 다른 거, 선배보다 훨씬 가벼운 걸 하고 싶은 충동이 올라왔다. 그러다 번뜩 '버킷리스트'가 떠올랐다. 내일부터 당장 해볼 수 있는 것들로 칸을 채워나갔다. 급기야 이해수는 그런 걸 생각해 내는 자신이 대단히 대견하게 느껴졌다. 바람과 파도를 친구 삼아 신대륙을 발견한 콜럼버스처럼 슬픔과 쓸쓸함을 곁에 둔 채 새로운 내일을 계획하는 건 아무나 못하는 거라는 자부심이 올라왔다.

어쩌면 일종의 정신 승리였을지 모르지만, 그날 이후 이해수가 쉴 새 없이 바빠진 건 사실이었다. 초반에는 취미 수준에서 그쳤지만 점차 범위를 넓혀갔다. 영화를 소개하는 블로그를 개설했고, 가늘고 섬세한 복근을 만들어 바디 프로필 사진을 찍었고, 주식 투자로 100만 원 벌기에 성공했다. 계속되는 도전과 성공은 이해수를 휴학의 세계로 인도했고, 사정을 모르는 동기들은 이해수를 캠퍼스 커플의 나쁜 예로 기억했다.

결정적인 도전은 대학생 아이디어 공모전이었는데 주최 측이 보험사였다. 새로운 방식의 기부보험을 기획해서 차상을 받은 것이다. 아쉽게도 실제 보험 상품으로 출시되진 못했지만 같은 계열사 은행에서 대학생 홍보 대사로 활동할 기회가 주어졌다. 따지고 보면 오늘날 이해수가 어엿한 금융인으로 살게 된 건, 선배와 그렇게 헤어졌기 때문일지도 몰랐다.

_____ 다시 서른

이해수는 노곤해진 어깨 위에 가방을 얹는 것으로 퇴근 준비를 마쳤다. 천천히 걸어 나갔다. 사거리 앞에 다다르자 타로 가게 간판이 보였다. "맞아요. 저는 사람을 끝까지 믿질 않아요. 너무 끝까지 믿어버리면 다쳐요. 나도 다치고 상대방도 다치고. 그러니까 다른 사람도 날 끝까지는 안 믿어줬으면 좋겠어요. 앞날은 어떻게 될지 아무도 모르는 거니까 그냥 흐르는 대로, 변하는 대로 바라봐 줄 수 있음 되는 거 아니에요? 그리고요! 저 별로 안 괴로워요. 그러니까 저를 고치지도 않을 거고요." 물론 이번에도 면전에 한 말은 아니었지만, 이해수는 크게 소리치며 말했다. 지나가던 몇몇 사람들이 이상하게 쳐다봤지만 속이 뻥 뚫리는 기분은 끝내주게 좋았다.

■ 가까운 사람이 덜컥 달라진 태도를 보이면, 내 머릿속에는 너무 많은 서사가 펼쳐진다. 이것 때문인지 저것 때문인지 한참 동안 생각하다 지치면 나 때문이라고 결론 내린다. 그렇게 내 안에 여러 자책이 쌓여서 나는 점점 무거워진다. 나는 '경쾌한 나'를 되찾고 싶다. 그러기 위해서는 자책으로부터 나를 구해야 한다. 둘 사이에는 둘만의 문제만 존

재하지 않는다는 걸 받아들이자! 상대의 상황과 입장이 나를 아무 데도 데려가지 못하도록, 내가 나를 보호해 주자! 나는 나, 너는 너, 그런 다음에 우리가 있다.

청정한
얼굴

무슨 색을 가장 좋아하느냐는 질문을 해보면, 셋 중 하나 정도는 파랑이라고 하더군요. 실제로 2015년 영국의 한 조사 업체에서 실행한 설문조사에서도 가장 많은 표를 받은 색이 파랑이었다고 해요. 그렇다면 사람들이 파란색을 그렇게까지 좋아하는 이유가 뭘까요? 단순하게는 '하늘과 바다의 색이니까'라고 답할 수 있겠네요. 저는 고향이 부산이라서 끼니를 거르면 배가 고프듯, 한동안 바다를 못 보면 바다가 고프거든요. 일상에 찌들어 살던 어느 날, 푸르게 펼쳐진 바다를 마주하면 마음의 묵은 때가 말끔히 벗겨지는 것만 같아요.

  마찬가지로 사람 자체가 유난히 투명하고 깨끗해서 만나면 맑은 기운을 주는 사람이 있죠? 그녀가 바로 파란색 분위기 미인입니다. 파란색 그녀는 때 묻지 않은 청정한 얼굴을 가졌어요. 그런 얼굴을 '갖는' 데 있어서 이목구비는 큰 영향력이 없는 것 같아요.

  그보다는 '사람과 세상으로부터 얼마만큼의 거리를 두고 살아가느냐' 하는 부분에 달려있어요. 가령 누군가 괜한 시비를 걸어 화가 난다고 해도 눈에 쌍심지를 켠다거나 상욕을 내뱉는 일이 없어요. 세상 물정에 눈이 어두워 그게 시비인 줄 모르는 게 아니고요, 혼자 약이 오른 상대가 제풀에 지쳐 떨어져 나갈 때까지 기꺼이 기다리는 겁니다. 그럴 때 너무 멀찍이 떨어져 있다면 어리바리해 보일 거고요, 반대로 바짝 달려든다면 찌들어 보이겠죠.

대신 파란색 그녀는 칼린 지브란의 시구처럼 하늘과 바람이 둘 사이에서 춤출 만큼의 거리를 유지하려는 공감각을 길러요. 그러한 공감각적인 심상이 모여서 파란색 그녀의 얼굴에 청정 구역을 이룬 셈입니다.

이해를 바탕으로 하는
연애

파랑의 주된 작용이 이성적인 판단을 이끌어내는 것이래요. 특히 논리적이고 명료한 사고가 필요할 땐, 파랑을 곁에 두는 게 도움이 된다고 하네요. 이러한 파랑의 속성을 그대로 내면화한 파란색 그녀일수록, 어떠한 사안을 구체적으로 분석하여 정확한 결괏값을 찾는데 주력하겠지요. 그리고 가능하면 그 과정에서 효율을 추구할 테고요. 그 효율의 목적은 '속도'에 있지 않고 '성과'에 있을 거예요.

이러한 파란색 기질은 일할 때야 더할 나위 없이 좋지만 연애의 관문을 통과할 때는 다소 방해가 됩니다. 감정으로 꽉꽉 채워도 부족할 자리에다가 생각을 꾸역꾸역 집어넣으니 오류가 발생하는데, 유난히 오류를 못 참는 성격이다 보니 정답을 가려내려고 생각에 생각을 거듭해요. 당연히 정답을 못 찾겠죠. 애초에 정답 같은 게 없으니까요. 그렇게 고뇌하면 할수록 파란색 그녀의 모습은 '어색' 그 자체가 되는데, 오히려 그런 애석한 상황이 상대의 도전 욕구를 고취하는 듯해요. 상대는 '아니, 이게 사랑인 걸 모르겠다고?' 하는 식으로 답답해 죽을 지경이 되었다가, 증명해 보이겠다면서 적극적으로 구애하게 돼요. 근데 사실 파란색 그녀 쪽에서 이 관계를 납득할 때까지 기다려야 하는 건 똑같아요. 시간이 약입니다. 물론 하염없이 시간만 보내는 건 소용없겠지만요. 말과 행동에 일관성을 유지하면서 차곡차곡 신뢰를 쌓아가는 것이 가장 좋습니다.

언젠가 '저렇게 쿨한 여자도 이별이 힘들구나' 하는 생각을 한 적이 있었어요. 당연하잖아요. 이별은 누구에게나 힘든 건데, 저는 왜 그런 편견을 가졌던 걸까요? 항상 사실관계와 인과관계에 초점을 맞추고 사는 파란색 그녀를 보면서 헤어질 때도 치밀한 대책을 마련해 두었을 거라고 멋대로 생각해 버렸네요. 물론 얼마나 사랑했느냐에 따라 차이는 있겠지만요. 어쨌든 연인이라면 남들보다는 좀 더 가까워졌을 것이고, 가까워지는 만큼 문제가 생겼을 것이고, 문제에 대한 면역력이 약한 파란색 그녀라면 매번 누구보다 심각하게 골몰했겠죠. 심각하면 심각해질수록 마음 또한 깊어졌을 거고요. 그러다 이별 앞에 선 파란색 그녀는 이렇게 낭패를 당할지 몰랐다는 듯이 멍한 얼굴이 됩니다.

그런데 약간 홀가분한 것도 사실이에요. '나 왜 그렇게까지 골몰했지?' 파란색 그녀는 쓸쓸한 실소를 터뜨리며 가사가 와닿는 노래를 들어요. "모든 게 맘대로 왔다가 인사도 없이 떠나. 이대로는 무엇도 사랑하고 싶지 않아아이유의 '에잇' 中에서" 그리고 이렇게 결론지어요. 인간은 필연적으로 타인을 완전히 이해하는 게 불가능하다고, 관계가 틀어지기 시작한 틈을 객관적으로 분석하려는 게 오히려 오만이었다고, 그저 나도 너도 조금씩 어리석었을 뿐이라고. 잘 먹고 잘 살길 바란다고.

■ 파란색 그녀를 사랑한다면

첫째, 그녀가 제일로 싫어하는 건 언행불일치입니다.

둘째, 그녀가 관용을 베풀고 있다면, 그녀 기준에서 당신이 '남'이기 때문입니다. 호
　　감 신호로 받아들이면 곤란합니다.

셋째, 드디어 그녀의 철벽을 뚫었다고요? 축하합니다. 꼭 행복하시길.

넷째, 연락을 하지 않는다고 해서 당신 생각을 하지 않는 게 아닙니다. 아마 지금도

당신 생각을 하고 있을걸요?

다섯째, 어느 날 어색하지만 촉촉한 눈으로 "고맙다"라고 말하면 "어마어마하게 사
랑한다"라는 말로 바뀌 들어도 무방합니다.

이별을
연습합니다

파란색 그녀는 대체로 부드럽고 상냥한 모습이지만, 때때로 까칠한 면을 살짝 내비쳐서, 어려운 사람이라는 느낌을 줍니다. 이런 파란색 그녀를 이해하기 위해서는 파랑의 속성을 알아볼 필요가 있어요.

'필링 블루Feeling blue'라는 영어권에서 자주 쓰는 관용 표현이 있는데, 아쉽게도 이때 쓰인 파랑은 우울하고 슬픈 감정을 대변하는 파랑이에요. 파란색 음식을 보면 자연스럽게 독이 연상되는 것과 마찬가지로, 파란색을 지나치게 가까이하면 점차 피폐해진다네요. 듣고 보니, 바다가 아무리 좋다 한들 하염없이 바다만 바라보고 있으라고 하면 진짜 우울해지겠네요. 그러니까 사람들은 바쁜 와중에 바다를 볼 수 있는 여유를 갖고 싶었던 거지, 영원히 바다만 바라보고 싶지는 않았던 겁니다. 이러한 파랑의 속성 때문에 파란색 그녀는 본의 아니게 남에게 폐를 끼치는 사람이 된 것만 같은, 어쩐지 죄스러운 마음이 들곤 합니다.

자신의 그런 면모를 고려하다 보니, 누군가가 다가오면 반사적으로 슬쩍 뒤로 물러서고, 활발히 어울리는 쪽보다는 무심히 바라보는 쪽의 사람이 되는데요. 그렇게 바라보는 쪽에 오래 머물다 보면, '모두가 적당히 폐를 끼치며 사는구나' 하고 깨닫게 돼요. 그러면 이제 좀 편하게 경계도 느슨하게 하고 적당히 허물도 드러내고 하면 되지 않겠어요? 그러나 파란색 그녀는 전혀 다른 결론을 냅니다. 어차피 완전무결한 인간이란 존재하지 않으니, 피차 가엾게 여기고 각자의 구린 면은 각자가 감당하는 게 가장 합리적인 거라고 말이에요. 그래서 잘 알지도 못하는 누군가가 자신에게 관심을 주는 것도 부담스러워하고, 자신에게 의미 없는 타인에게 관심을 쏟아야 하는 상황도 경계해요. 그저 약속한 시간에 약속한 장소에서 만나 약속한 과제를 수행하는 것으로 만족하자는 입장이에요. 그러다 인연이 다하면 모질게 해코지하지 말고 '잘' 보내주는 것까지도 약속에 포함돼요.

이러한 파란색 그녀에게 각별한 사람이 되기란 쉬운 일은 아니지만, 그녀와 각별해져 보면 그녀의 진가를 알 수 있을 거예요. 파란색 그녀의 가장 큰 장점은 '정화 능력'이 있다는 점이에요. 바다의 소금이 오염물질을 흡착하듯 파란색 그녀의 무심함이 어지러운 마음을 가라앉혀줘요. 주인공과 악역이 선명히 대비되는 드라마가 있는 반면, 등장인물 중 누구도 악역이라고 할 수 없는 인간의 이중성만 드러내는 드라마가 있잖아요. 파란색 그녀가 인간을 바라보는 시선이 후자의 드라마와 같아서, 잠깐씩 '나만 쓰레기인가?' 했던 자책과 후회가 말끔히 씻겨 내려가는 듯해요.

그것뿐만이 아니에요. 파란색 그녀는 자기 사람이라고 여겨지면 투명한 조언을 아끼지 않아요. 살다 보면 없다가도 생기는 게 고민인데, 그럴 때 조언을 구하면 자꾸 비난의 뉘앙스까지 섞어서 주니까 받기가 싫은 거잖아요. 근데 파란색 그녀의 조언은 뭐랄까, 평양냉면의 맛 같달까요? 처음엔 뭔 맛(소리)인가 싶지만 이내 인생 맛(조언)으로 등극하고야 마는, 그런 깔끔하고 담백한 조언을 줄 줄 알아요.

이렇듯 만나면 가볍고 산뜻해지는 사람, 가끔씩 감동적일 만큼 깊은 속정을 내보이는 사람, 그러니까 자꾸만 그리워지는 사람. **파란색 분위기 미인**입니다.

제4장

화려하고 세련된,
주황색 분위기 미인

활기차고 즐거운 인상을 주는 주황색은 빨간색과 노란색의 속성을 가지고 있어 이들의 이미지를 동시에 지닌다. 빨간색보다 강렬한 이미지는 덜하지만 타오르는 불을 연상시켜 따뜻하고 역동적이며 활기찬 느낌을 준다. 또한 낭만적인 분위기를 연출하거나 특정한 주목을 끌고 싶을 때 많이 적용된다. 여기서 자신을 어필하거나 파격적, 창조적 감각을 표현하고자 할 때도 많이 사용한다.

— 책 『도시 속 컬러를 읽다』 중에서

나쁜 년의 속성

주황색 분위기 미인에게는 어딘지 좀 뻔뻔한 구석이 있습니다. 그 때문에 심심치 않게 '나쁜 년' 소리를 듣고 사는데요. 그럴 때 주황색 그녀는 놀라거나 위축되는 일 없이 오히려 당당하게 물어봐요. "어딜 봐서요? 내가 그렇게 높낮이 없이 판판한 사람은 아닌데, 나의 어딜 본 건지 엄청 궁금한데요?" 그리고 한동안은 건전하다 할 만한 모습을 척척 선보입니다.

아무튼 그녀를 나쁜 년이라 할 만한 스캔들이 있었다면 당사자가 있을 것이고 그 외의 사람들이 있을 텐데요. 무릇 당사자가 아니라면 왈가왈부할 수 없는 법이겠지요. 그래도 힐끔거리다가 한 마디 거들고 싶은 게 인간의 본성이니까, 그 외의 사람들도 끝까지 그 스캔들의 귀추에 주목해요. 그리고 대부분 결론이 어떻게 나는가 하면요? 처음엔 뜨악하게 바라보지만, 차츰 '인생은 주황색 그녀처럼'이라며 내심 박수갈채를 보내게 되는 겁니다.

저도 그 외의 사람 쪽에 속한 채로 주황색 그녀의 패기에 반해서 박수를 치는 일이 왕왕 있었는데요, 이승우 작가님의 에세이에서 발견한 어떤 문장 앞에서 뜨끔하고 말았어요. "천사는 진실하기만 하면 되기 때문에 단순하지만, 악마는 진실하기만 해선 안 되기 때문에 단순할 수 없다. 교활함, 기만, 합리화, 능청스러움, 변명, 의뭉스러움. 이런 것들은 악마의 속성이지 천사의 속성은 아니다." 바꿔 말하면, 착한 여자는 진실하니까 단순할 수 있지만, 나쁜 여자는 저러한 속성을 지녔기 때문에 단순할 수가 없다는 거죠. 그 지점에서 저는 오묘한 얼굴로 중얼거렸어요. '내 안에도 분명 저런 속성이 잔뜩 있던데…… 설마 하니, 나? 나쁜 년이었어?'

그렇게 제 안의 나쁜 년을 발견한 그날로부터 저는요, 어째서인지는 몰라도, 비실비실 쪼개어 흩어지는 웃음을 짓고 다녔어요. 앞으로의 내 인생은 파란만장하겠지만 때론 칭송도 받고 때론 질투도 받겠구나, 뭐 이런 생각에 기분이 좋았나 봐요. 얼마 후, 제게 귀중한 기회가 찾아왔습니다. 남자와 단둘이 있게 된 거예요. 초저녁부터 시작한 술자리가 다음 날 동이 틀 때까지 이어졌는데도, 헤어지기 싫은 마음이 찾아온 건 정말 오래간만이었어요. 딱히 지킬 약속 같은 건 없는 처지지만, 어떤 마음이 피어오르다가 허무하게 사라져 버리는 걸 못 견디는 편이라, 본의 아니게 철벽을 치고 살았거든요. 그랬던 제가 그날은 아주 그냥 용감하게 온 마음을 다해 눈빛을 보내고, 덜컥 손을 잡고, 여러 종류의 술을 섞어 마시고, 미약한 웨이브로 춤까지 추고, 몽롱한 가운데도 '나 당신에게 끌린다고' 또박또박 말도 하고, 그렇게 할 걸 다했단 말이죠.

다음 날 저는 간밤에 있었던 일을 고백했습니다. 대상은 그가 아니라 그녀였어요. 그녀는 그와 제가 만날 수 있도록 자리를 마련해 준 B라는 여성이에요. 저는 그 남자에게 호감이 생겼음을 고했고요. 오랜만에 이런 감정을 느끼게 되어 기쁘며, 고맙다고, 성급한 감사를 전했어요. B는 그럴 때 털어놓고 싶은 마음을 이해한다면서, 어제 그를 만났는데 다음엔 셋이 같이 보도록 자릴 마련하겠다는 약속과 함께, 몰라도 좋았을 역사도 하나 알려 주었어요. "실은, 그가 절 좋아했어요(*내 귀엔 '좋아해요'로 들렸다*)."

그때 '아, 망했다'라는 직감이 오더라고요. 그리하여 제 안에서 호기롭게 싹트던 호감은 얌전히 말라버렸습니다. 왜냐고요? 그와 제가 주고받은 메시지를 돌려보면서 행간에 숨은 뜻을 파악하다가 지쳐버렸거든요. 생각이 지나치게 많아진 거예요. 수많은 생각의 기저에는 '왜 나는 당당하지 못할까, 왜 나는 이토록 겁보인가' 하는 자조가 깔려 있었어요. 그리고 '이럴 때 나쁜 년, 아니 주황색 그녀라면 자기가 어떻게 비칠지 보다는 자기가 원하는 게 뭔지에 집중했겠지. 그리고 겁날 정도로 당당했겠지. 그랬겠지……' 하며 홀로 쓸쓸히 맥주 캔을 땄어요.

그 이후로 저는 주황색 그녀들의 매력을 좀 더 다각도로 면밀히 살펴보게 됐어요. 흔하진 않지만 눈에는 잘 띄는 그녀들인지라, 새롭게 관찰할 기회가 몇 번쯤 있었어요. 그간 알고 지냈던 주황색 그녀들이 했던 말도 곰곰이 되짚어 봤고요. 차분히 시간을 쏟아보니 제가 중요한 지점을 놓치고 있었다는 걸 깨달았어요. 그것은 주황색 그녀들의 진짜 매력은 당당함보다는 노련함에 있다는 것, 노련함의 사전적 의미는 많은 경험으로 익숙하고 능란하다는 것인데요. 그제야

다 이해가 되는 거예요. 그녀들이 왜 그렇게 다양한 경험에 목숨을 걸고 사는지, 어떻게 그렇게 매사에 때를 귀신같이 잘 맞추는지를요. 매 순간 당당하기보다는 선택적 당당함을 취했으나, 그 순간이 너무도 강렬하여 타인의 시선에는 '늘 당당한 사람'으로 보였던 거죠.

이 복잡한 설명을 한마디로 일축하면, 주황색 그녀는 '축제를 즐기는 사람'입니다. 실제로 주황이 축제를 상징하는 색이래요. 그러니까 그녀는 자기가 주인공이 될 만한 자리를 영민하게 알아채고, 그날만큼은 팡— 하고 폭죽을 터트리듯 자기 안의 격렬한 선율을 위풍당당하게 퍼트리는 사람입니다. 그 선율에 나쁜 년의 속성이 적절히 곁들여질수록 매혹의 농도가 짙어지는 거고요. 그러는 새에 필연적으로 자기를 따라다니는 오해와 소문을 마주하게 되는데요, 이때 주황색 그녀의 대처 솜씨는 가히 신기에 가깝습니다. 이번 이야기의 주인공을 통해서 자세히 알 수 있을 거예요. 화려하고 세련된 색 〈주황색 분위기 미인, 백연아〉의 이야기를 들려드릴게요.

주황색 분위기 미인,
백연아
(예쁠 연娟, 맑을 아雅)

"다양한 경험을 사랑합니다"

'전 남친 생각', '전 남친 연락' 같은 걸 검색하는 사람들은 누구일까? 보통은 헤어진 옛 연인을 잊지 못하는 사람들일 것이다. 재회의 가능성을 타진하는 심리이거나 그저 자신의 쓰라린 상처를 보듬는 하나의 몸부림일 수도 있겠다. 백연아의 검색어는 '전 남친 꿈'이었다. 대개의 꿈이 그렇듯 이야기의 개연성은 전혀 없었고 어떤 남자의 입만 확대되어 둥둥 떠다니는 기하학적인 장면의 연속이었다. 그 남자의 인상착의와 말투로 미루어보아, 6년 전에 헤어진 '당근'이 확실했다. 사실 백연아 사전에 '전 남친' 이란 기억에 없는 사람이었다. 특별한 애도의 기간 같은 게 없어도, 헤어지는 순간 무슨 마법에 걸린 것처럼 기억에서 딱 지워졌다. 세상에 재밌는 게 너무 많아서 눈앞에 없는 사람까지 그리워할 시간이 없었기 때문이다.

근데 당근, 이 남자는 잊을 만하면 한 번씩 꿈에 나타나서 했던 말을 하고 또 했다. "야! 착각하지 마! 다시 한번 분명히 말하지만 어제부터 난 네 남자친구 아니고 남, 남이야. 혹시 네 건망증 때문에 어제 일 잊어버렸거든 똑똑히 기억해 둬. 우리 어제부로 헤어졌어., 완전히. 이것들이 내 집에서 뭉그적거리는 게 찝찝해서 돌려주러 나온 것뿐이야. 넌 또 내가 실실거리면서 빌 줄 알았지? 이제 나, 그거 안 해. 근데 너 괜찮냐? 넌, 너 싫은 소린 한마디도 못 듣는 애잖아. 근데 이렇게 널 앞에 두고 앉아 있음 제정신 가지고서는 싫은 소릴 안 할 수가 없어. 그동안 내가 그걸 못한 건, 너한테 아주 미쳐있었기 때문이지. 네가 또 사람 미치게 하는 재주는 아주 있는 애니까. 네 기분 좋을 땐 오직 날 위해 태어난 사람처럼 찰싹 붙어 있다가, 내가 네 마음에 조금만 안 차면 씹던 껌 뱉듯이 헤어지자고 하는 너를, 내가 아주 미치게 사랑했다. 근데 다시 말하지만, 난 이제 정말 끝났어. 너라는 지옥에서 완전히 빠져나왔다고. 야, 부들부들 거리지 마! 간단해! 듣기 싫으면 이것들 챙겨서 얼른 내 눈앞에서 사라져." 그렇게 말해놓고 먼저 자리를 뜬 건 그였다. 겉으론 딱딱해 보여도 무려 88%가 물인 당근처럼, 그도 약간 거친 말투와는 달리 은근히 촉촉한 구석이 많은 남자였다. 역시 사람의 기질은 변하지 않는 것일까? 촉촉한 만큼 빠르게 증발했다. 그는 SNS 계정도 비공개로 돌렸고 관계된 지인들까지 전부 잠수를 탔다. 한 톨의 여지도 남기지 않는 매우 단호한 처사였다. 남은 거라곤 마지막에 남긴 저 말밖에 없어서 자꾸 곱씹게 되었다. 6년이 지난 지금까지도.

언젠가 고향 후배가 남자에게 실연을 당하고 엉엉 울면서 나쁜 년으로 살겠다는 포부를 밝혔을 때 백연아가 그랬다. "나쁜 년으로 살 끼라고? 그거 파이다. 낮에는 개 안아도 밤에 악몽을 억수로 꾸게 될 끼다. 그렇다고 뭐 좋은 년이 될 필요도 없지. 그냥 잘 먹고 잘 사는 년, 어떻노? 내가 보기엔 그게 최고다!" 말은 그렇게 했지만 아마 백연아는 계속해서 누군가의 나쁜 년일 것이다. 백연아가 타고난 어떤 기질이 자꾸 그쪽으로 흐를 테니까.

_____ **감자의 시선**

올봄 프랑스 지사장이 '감자'에게 직접 메일을 보내왔다. 곧 한국 시장에 진출할 예정인데 마케팅 총괄을 찾는다고, 감자와 채용 인터뷰를 진행하고 싶다는 내용이었다. 자사의 아시아 본부는 싱가포르에 있으며, 본인은 그곳에서 5월까지 근무하게 될 거란 소식도 덧붙였다. 이건 뭐, 재 볼 것도 없이 기회였다. 곧장 싱가포르로 날아가서 비즈니스호텔에 묵으며 나흘 동안 인터뷰에 참여했다. 그녀는 미소를 잃지 않고 대화를 이어 나갔지만 특유의 시니컬한 표정이 있었다. 감자는 불어를 전혀 못 했고 지사장은 영어가 약간 부족해서 통역사가 함께했다. 언어로 교환되지 못한 미묘한 공기는 감자의 뒷덜미에 들러붙어 꺼림칙함으로 남았다. 그러니까 무슨 뜻이야? 방금 내가 너무 들이댔나? 저건 또 무슨 표정이야? 하, 지금은 자신감 있게 어필해야 하나? 감자 본연의 재치와 기재는 살아나지 못했다. 혀끝에서 맴도는 아쉬움을 뒤로하고 한국행 비행기를 타고 돌아왔다.

최종 합격 소식은 그로부터 두 달 뒤에 왔다. 당연 떨어졌겠거니 여겼는데 의외의 결과였다. 한국지사 사무실은 명동이랬다. 감자는 출퇴근이 10분 내외로 가능한 지역으로 이사를 했다. 일이 잘 풀리면 최소 5년은 살 집이었다. 한동안 공을 들여 집안을 꾸미고 근처에 먹을 만한 식당 아주머니들에게 사람 좋은 웃음을 흘리고 다녔다. 그렇게 감자가 명동 하늘 아래 사는 데 적당히 적응했을 즈음, 백연아를 만나게 됐다.

첫 접촉은 「백연아 포트폴리오」 사이트에서였다. "속도감을 즐기는 웹디자이너 백연아입니다. 콘셉트를 빠르게 이해하고, 초안을 빠르게 잡아, 피드백을 빠르게 반영합니다."라고 큼직하게 쓰여 있었다. 시원한 굉음을 내며 빠르게 치고 나가는 카레이서가 연상됐다. '내 스타일인데?' 감자가 씩- 웃었다.

디자이너는 추상적인 기획을 시각화하는 역할이므로 프로젝트 초입에 가장 바쁘다. 이때 '심플하면서도 화려한' 같은 요구 속 진짜 의도를 얼마나 빠르게 알아채느냐가 업무의 절반이라고 보면 된다. 거기서 헤매면 손가락이 마르고 닳도록 고치고 또 고치는 작업을 다 하고도 욕을 먹는 역할이다. 감자는 백연아의 대응 방식이 궁금했으므로, 그녀를 유심히 살폈다. 우선 기획자가 열 올리며 자기 기획 설명하는 첫날에는 대충 듣는 것 같았다. 그 대목에서 감자는 그녀의 패기에 높은 점수를 줬다. 기획이라는 건 한마디로 허구와 상상인데, 그걸 구체화해야 하는 사람이 그 단계에서 기획자에게 과도하게 동화되면 실전에서 영 맥을 못 추는 경우가 생기기 때문이다.

이후 작업이 시작되자 백연아는 걷잡을 수 없는 속도로 디자인을 뽑아내며 "이거 어때요?" 하고 자꾸 물었다. 환희로 꽉 찬 "딱 좋아"가 나올 때도 있었고 커다란 의혹을 품은 "이 느낌이 아닌데?"가 나올 때도 있었는데, 그때마다 백연아는 들뜸과 실망을 거침없이 드러냈고, 그 감정을 신호등 삼아 바로바로 수정했다. 정말이지 놀라울 정도로 빨리 결과물을 내놓았다. 프로젝트 총괄 입장에서는 일 잘하는 팀원만큼 예쁜 사람이 없기에, 감자는 백연아 앞에서 기쁜 기색을 감추지 않았다.

일하는 스타일이 맞는 사람들을 알아가는 것은 유쾌한 일이었다. 그 때문에 감자는 한 곳에 붙어 있기보다 잘 돌아다녔다. 여기저기에서 곧잘 감자가 사람들 웃기는 소리가 들렸다. 그중에서도 백연아는 감자의 유머를 잘 받아쳤다. 다음 말이 이어지도록 적절한 추임새를 넣어주거나 센스 있는 반론을 제기하여 감자를 흥분시켰다. 자연스레 감자가 그 자릴 찾는 일이 잦아지고 성큼성큼 가까워졌다. 가끔 너무 웃어버린 날, 기분이 한껏 고양된 백연아는 구운 감자에 톡톡 하고 소금을 치듯 "이사님" 하고 불러서 칭찬을 톡톡 올렸다. 감자가 낸 아이디어의 어떤 부분이 예술적이라든가, 듣도 보도 못한 만화의 남자 주인공이 감자를 닮았다든가 하는 찬사였는데, 계속 농담을 하던 중이라 농담인지 진담인지 구분이 되질 않았다. 하지만 그날 밤, 침대에 누우면 그 칭찬을 꼭 곱씹게 되었다.

디자인 작업의 끝자락. 감자가 백연아의 자리까지 와서 말했다. "백 대리님, 저 잠깐 보시죠." 간단한 수정이었으면 프로젝트 게시판에 올렸을 텐데, 직접 자리에까지 왔다는 건 뭔가 많이 꼬였다는 거였으므로, 백연아는 느릿느릿 감자의 뒤를 따랐다. 감자의 개인 사무실은 9층에 있었다. 평소 같은 농담 없이 엘리베이터에 올라탔다.

백연아는 그간의 작업을 되돌려보며 머릿속으로 빠르게 퍼즐을 맞추고 있었고, 한 발짝 뒤에 선 감자는 달빛을 입은 백연아의 뒤태에서 비장함을 느꼈다. 902호에 이르자 감자는 자신의 요지를 밝혔다. 프랑스 본사에서 새로운 콘셉트를 요구한다, 그 요구를 받아들이면 처음부터 다시 작업해야 한다, 시간이 부족한 관계로 새로운 디자이너를 한 명 더 붙이고자 한다, 최대한 맞춰서 협업 가능한가?

거기까지 잠자코 들은 백연아는 본사 측 의견을 자기가 직접 들을 수 있겠냐고 되물었다. 감자가 답하길, 통역사와 시간을 맞춰야 해서 당장은 곤란하다 했다. 그때 백연아가 예상치 못한 답을 줬다. "제가 불어를 조금 해요."

당시, 두 사람에게는 확고한 의지가 있었다. 감자는 자신의 유능을 증명하고자 했고, 백연아는 최대한 다양한 세계를 경험하고 싶어 했다. 의지의 결은 달랐지만 방향은 같았으므로, 재빠르게 싱가포르 동반 출장이 결정됐다. 1박 2일의 짧은 일정이었지만 콘셉트 변경 없이 웹페이지를 출시하자는 내용의 프레젠테이션을 진행하고, 본사와 협상까지 마치고 와야 했다. 자칫 그저 일을 빨리 끝내고 싶어 하는 것처럼 비치지 않도록 한국 시장에서 살아남은 해외 브랜드들을 다방면으로 조사해 갔다. '초기 트래픽보다 중요한 건 재방문과 재구매, 즉 실적이다.' 이게 백연아의 일관된 주장이었다. 그러기 위해서 처음부터 날카로운 콘셉트로 정확한 대상에게 가 닿을 수 있다면 금상첨화겠지만, 알아본 바로는 문화 차이 때문에 무조건 시행착오를 겪을 수밖에 없었다. 프랑스에서는 20대 여성들에게 잘 팔렸던 제품이 한국에서는 40대 여성들, 혹은 10대 남성들에게 인기를 끌 수도 있는 것이다. 따라서 하루라도 빨리 출시하여 '반응을 보이는 고객을 향한 리뉴얼 전략'을 취해야 한다고 주장했다. 이후 대응에 따르는 퍼포먼스는 자신 있다는 투로 발표하는 게 핵심이었다.

백연아의 불어 발음은 유창하지 않았지만 쉬운 단어들을 잘 조합하여 논지를 분명히 전달할 줄 알았고, 무엇보다 틀림없이 해낼 것 같다는 인상을 주었다. 그도 그럴 것이, 백연아의 속내에는 반드시 여길 다시 오고야 만다는 욕망으로 가득했기 때문이었다. 백연아는 싱가포르 공항에 비행기가 착륙했을 때 창문에 쨍하게 반사되는 햇살에 반해 버렸는데, 하루 만에 한국으로 돌아가야 한다는 사실이 미치도록 아쉬워서, 백연아의 발표에는 예정에 없던 진심이 포함되었던 것이다.

다음 날 아침. 조식 시간에 맞춰 로비에서 만나기로 했는데 백연아가 난감한 제안을 했다.

"(미소) 이사님, 호텔 조식 좀 뻔하지 않아요?"

"아침 식사 안 해도 괜찮겠어요?"

"아니, 그게 아니라요. 제가 좀 알아보니까 여기 호텔 룸서비스로 나오는 칠리 크랩이랑 미고랭 세트가 진짜 두근거리는 맛이래요. 잊을 수 없는 맛, 계속 생각나는 맛. 우리 그거 먹어보면 어때요?"

"룸에서? 둘이서요?"

"뭐 어때요? 밥 먹는 건데. 이사님 곤란하시면 제가 회사에선 입을 다물게요."

"아니, 조식도 미리 결제를 해둔 상태고…… 공항에 11시까지는 가야 하는데 갑자기……."

"(쩡긋) 걱정 마세요. 그것도 제가 다 알아놨어요. 조식은 수수료 없이 취소 가능하고요. 혹시 몰라서 룸서비스 주문은 제가 30분 전에 넣어놨어요. 에구! 시간 없으니까 얼른 제 방으로 가실까요?"

룸서비스 식탁을 마주한 백연아는 몇 분 전과는 확연히 다른 얼굴이 되었다. 인생에서 아주 특별한 순간을 맞이한, 이를테면 결혼식장에서 결혼반지를 주고받는 신랑 신부의 결연한 얼굴이었다. 좁은 호텔 방 가득히 이국적인 향신료 냄새가 퍼졌고, 통유리로 이른 아침 햇살이 잔뜩 반짝거리고 있어서, 감자도 이 풍경을 기억하게 될 것 같다는 생각을 했다. 오래간만에 느껴보는 신선함이었다. 백연아는 소스부터 맛보고, 게살을 발라 먹고, 면을 호로록거리고, 게딱지에 밥도 비벼 먹는 등 요리를 야무지게 즐겼다. "이사님은 안 드세요?" 그건 예의상 하는 말 같았고, 남이야 먹거나 말거나 크게 관심 있어 보이진 않았다. 덕분에 감자는 백연아가 요리를 즐기는 광경을 뚫어져라 바라볼 수 있었는데, 보고 있는 것만으로도 직접 맛보는 것 같은 야릇한 쾌감이 있었다. 그저 '맛있게 잘 먹는다'로는 설명이 부족한, '제대로 먹을 줄 안다'에 가까운 모습이었다.

접시가 반 정도 비었을 때, 백연아가 방금 지갑을 잃어버린 사람처럼 다급하게 "맥주, 맥주!"를 외쳤다. 미니바를 열어 캔 맥주를 만져 본 감자가 "아주 차갑습니다!" 하며 캔을 건네는 순간, 백연아가 감자 가까이로 왔다. 그때부터 몇 초간, 시간이 매우 느리게 흐르는 것 같았다. 딸깍, 캔 맥주 따는 소리가 명확히 들렸고, 그녀가 긴 머리를 찰랑 흔들며 고개를 15도쯤 젖힌 자세로 꼴깍꼴깍 맥주를 넘겼다.

감자는 '나 지금 조금 감상적이야, 정신 차리자' 이런 의식의 흐름을 거치며 눈을 깜박였다. 그녀가 자기 몸속에 흐르는 알코올과 탄산의 흐름을 타고 솟구쳐 오르는 미소를 보이자 감자의 정신이 사납게 흔들리며 허벅지 안쪽으로 힘이 빡 들어갔다. 이어 감자가 몸을 훅 기울여 백연아에게 입을 맞췄다. 뜨거운 여름 공기가 등줄기를 싸고돌았다. 감자가 눈을 질끈 감았다. 백연아가 피하진 않았지만 워낙 짧은 시간이라 피할 새가 없었을 것이다. 뺨을 치면 맞겠다고 각오했다. 그러나 그녀는 손을 거칠

게 쓰는 일을 하지 않았다. 대신 '궁금한 사람'의 눈으로 감자의 입술을 정확히 바라보았다. 그리고 이렇게 물었다. "이거, 무슨 의미예요?" 감자는 눈에 띄게 퍽퍽해진 얼굴로 "놀랐죠? 미안합니다." 하고 대답했다. "그렇구나. 알겠어요. 입 맞춰놓고 미안하단 남잔, 내 취향은 아니에요." 그게 다였다. 백연아는 순식간에 그날 아침에 로비에서 만난 동료의 얼굴로 돌아왔다.

_____ **멜론의 시선**

멜론은 '맛있게 먹기 위해서' 인내심이 필요한 과일로 알려져 있다. 그도 그랬다. 어디에 가든 누구를 만나든 진가를 발휘하기까지는 시간이 필요했다. 그 과정에서 조그만 충격이라도 받으면 쩍- 하고 금이 가서 중심부에서 무르익던 단 즙이 줄줄 흘러버렸다. 바깥 세계의 관심과 시선에 예민한 사람이었다. 아주 어릴 적부터 그랬던 건 아니고 중3 때 처음으로 여학생에게 고백을 하다가 된통 창피를 당했던 사건 이후부터였다.

여학생을 좋아한 건 진즉부터였지만 단둘이 있을 기회를 잡는 건 어려운 일이었다. 학교에선 애들 보는 눈도 있고, 그렇다고 집을 알아내기 위해 미행을 할 수도 없고, 연락처 같은 것도 몰랐다. 그런데 그날, 동네 편의점에서 여학생을 본 것이다. 스낵 코너로 직행하려는데 바로 뒤 코너로 들어가는 여학생을 포착했다. 지금을 놓치면 큰일 난다는 절박한 심정으로, 거의 반사적으로 여학생을 따라 들어갔다. 그리고 고백을 위해 여학생을 돌려세울 요량으로 어깨 끄트머리를 톡톡 쳤다. 그러나 때마침 여성용품을 집어 들다가 놀란 여학생이 소릴 질렀다. 편의점 주인아주머니가 달려왔고, 경찰서까지 갈 뻔했다. 다행히 여학생이 원치 않아서 일이 거기까지 커지진 않았지만, 편의점 주인아주머니의 발음이 지나치게 정확해서 밖에서 구경하던 무리에게까지 사건의 정황이 알려졌다. 이후 멜론의 별명은 '생리대'가 되었다.

멜론에게는 '최대한 여자를 조심스럽게 대하자'라는 원칙이 생겼고, 그리하여 오래 봐온 여자만 사귈 수 있었으며, 스킨십은 달팽이의 속도로 나아가다가 결국 답답하다는 이유로 차이곤 했다. 멜론의 그 원칙을 손쉽게 깨버린 게 백연아였다.

둘이 알게 된 시점은 백연아가 싱가포르로 출장을 다녀온 지 열흘쯤 지나서였다. 백연아는 본사에 직접 내뱉은 말들 때문에 하는 수 없이 꼬박꼬박 야근을 해야 했는데, 그즈음에 한계가 온 것이다. 그러니까 금요일 밤 9시에 알록달록한 모니터 앞에 앉은 백연아는 누가 봐도 딱 짜증 그 자체였다. 오케이! 여기까지가 최선이야. 더 붙잡고 있는다고 달라질 그림이 아니었다. 과감하게 컴퓨터를 끄고, 검은 모니터에 비친 입술의 위치를 더듬어 코랄색 틴트를 톡톡 두들겨 발랐다. 머리카락을 하나로 묶어뒀던 고무줄도 풀고, 손을 갈고리 모양으로 만들어 두피 구석구석을 쓸었다. 목적지는 이태원이었다.

정확한 약속은 없었지만 어디든 합류하는 건 어렵지 않았다. 살짝 배도 고프고 해서 누구에게 연락해 볼까 하며 나무 벤치에 앉았다. 그때 정면 방향에서 멜론이 노래를 부르기 시작했다. 소름이 돋았다거나 입을 다물지 못했다거나 하지는 않았다. 이태원의 흔한 길거리 공연 수준이었다. 문제는 멜론의 얼굴이었다. 그의 이목구비는 백연아가 중3 때 짝사랑했던 과학 쌤과 비슷했다. 약간 떨어져서 본 바로는 그랬다. 그는 주로 발라드를 불렀다. 선이 굵고 차분한 목소리였다. 미안하지만 이태원에 어울리는 스타일은 아니었다. 노래는 그럭저럭 하지만 분위기 파악을 못하는 남자 같았다. 사람들은 곁눈질로 쓱- 보고 지나갈 뿐, 자리를 잡고 들어주는 이는 없

111

었다. 저래 가지곤 안 되지, 안 돼. 백연아는 안타깝다는 듯한 표정을 짓고는 멜론 가까이 저벅저벅 다가갔다. 자세히 보니 과학 쌤보다는 못 생겨서 잠깐 실망을 했지만, 끝까지 해보려고 애쓰는 게 요즘의 자기 모습 같아서 웬만하면 구해주자 싶었다.

백연아는 아무렇지도 않은 듯이 멜론 옆에 자릴 잡고 앉아, "사람들 진짜 너무 한다. 안 그래요?" 하고 다정하게 물었다. 초라한 패잔병 앞에 기적처럼 나타난 아군 같은 말투였다. 멜론은 어쩐지 든든한 기분을 느끼며, "버스킹이란 게 원래 다 그렇죠, 뭐. 자유롭게 왔다가 자유롭게 갈 수 있는 거니까." 하고 의연하게 답했다. 백연아도 멜론과 같은 톤의 의연한 목소리로 대화를 이끌었다. "「말하는 대로」라는 버스킹 프로그램 알죠? 거기서 유희열이 말하거든요. 발성, 음색, 기교 중에서 자기가 가진 장점은 색기라고요. 역시 뭘 엄청나게 잘하는 것보다 캐릭터를 잘 살리는 게 더 중요한 것 같아요. 우린 뭘로 밀어붙일까요?" 멜론이 대답을 못 하고 있자 백연아는 염려 말라는 듯이 "어차피 여기서 먹히는 콘셉트는 정해져 있어요. 보기 줄게요. 골라 봐요. 끈적끈적한 거, 아니면 시원시원한 거? 어떤 거?"라며 범위를 좁혀줬다. 솔직히 멜론은 고음에 자신이 없는 상태였으므로 "끈적끈적으로 해보겠습니다." 하고 답해버렸다.

그 골목엔 걱정 근심 없어 보이는 커플들이 계속 지나갔고 백연아는 그들에게 "예뻐요.", "잘생겼다.", "아름다워요." 같은 낯간지러운 찬사를 보냈다. 때마침 한 커플이 발걸음을 멈췄고, 백연아는 기회를 놓치지 않고 "두 분께 꼭 어울리는 곡입니다."라고 말하고 멜론의 옆구리를 쿡 찔렀다. 그리고 복화술로 말했다. "끈적끈적하게."

그때부터 두 사람의 듀엣이 시작됐다. 엄밀히 따지면 화음이 잘 맞지 않았다. 하지만 발랄했다가, 슬퍼했다가, 진지했다가, 즐거웠다가 하는 등의 표정 변화를 보는 재미가 있었다. 이번에는 백연아가 핸드백에서 초콜릿을 꺼내서 커플들에게 하나씩 나눠줬다. 그렇게 청각에서 시각으로, 시각에서 미각으로 이어지는 자극은 커플들을 달아오르게 했고, 그 분위기에 힘입어 일순간 수십 명이 모여들었다.

그러던 와중에 한 여고생이 다가와 물었다. "두 분 사귀는 사이예요?" 대답은 중요하지 않다는 듯, 여고생이 제 핸드폰을 들이밀었다. "이 사진 정말 예술이죠?" 사진 속에는 그야말로 끈적끈적한 눈빛을 주고받으며 노래를 부르는 멜론과 백연아가 보였다. "이거 올려도 돼요?" 어쩌면 그 여고생에게는 꽤 중요한 순간일지도 몰랐다. 내 안에 숨어있던 재능을 지금 막 우연히 발견했는데, 마침 내 앞에 누군가 있다면 '이것 보세요. 엄청나죠?' 하고 강요에 가까운 동의를 구함으로써 꿈의 불씨를 피어 올리는 그런 순간 말이다. 어차피 어른이 되면 그런 순간이 자주 오지도 않을 텐데, 백연아는 까짓것 그러라고 했다.

_____ **이후의 날들**

그즈음 프랑스 본사의 휴가철이 다가왔다. '한 달의 휴가를 위해 1년을 사는 것'으로 유명한 프랑스인들, 그들의 일정에 맞추려면 7월 말까지 중요한 일들의 확인을 받아 놓아야 했다. 사흘이 멀다 하고 화상회의가 열렸다. 그쪽은 듣고 피드백을 하는 입장이지만 이쪽에서는 매번 자료를 준비해야 했다. 시차에 맞춰 결과물을 내놓으려면 밤샘 근무는 불가피했다.

조식은 감자가 책임지겠다고 했다. 그간 친밀감을 쌓아두었던 단골 식당에다가 오전 8시부터 한 시간 가량 한식 뷔페를 차려두었다. 맑은 국과 갓 지은 쌀밥, 조미료를 최소한으로 쓴 반찬들이 정갈하게 나왔다. 건강한 맛이었지만 정신의 고단함을 달래주지는 못했다. 결국 사무실 사람들은 상 위에다가 '욕'도 함께 올렸다. 사람 수에 따라 욕의 형태와 대상이 달라졌는데, 거기에 한 번도 안 오른 사람은 있어도 한 번만 오른 사람은 없었다. 백연아도 남 욕하는 걸 좋아했지만 늦게까지 일하는 걸 더 싫어했다. 자주 빠지는 만큼 자주 욕을 먹었다. 주로 끼와 꾀를 그만 부렸으면 좋겠다는 말들이었다. 그 얘길 듣다 못한 감자가 시래기된장국을 뜨던 수저를 탁 소리 나게 내려놓으며 그랬다. "연아 씨 그런 여자 아닙니다!"

그 소식(*둘이 사귄다더라*)은 회사 전체로 확산됐다. 관심이 쏠리자 SNS에서 백연아의 다른 남자친구를 봤다는 제보가 나타났다. 여론은 '그럴 줄 알았다'와 '감자가 불쌍하다' 쪽으로 기울었다. 백연아에게 그 소문의 진위를 물어온 동료는 사흘 후쯤 나타났다. 직접 대면이 아닌 메신저를 통해서였다. 백연아가 답장을 보냈다. "조금 틀리네요." 어느 부분이 틀린 것인지 구체적인 해명을 바라는 메시지가 다시 왔다. 백연아는 "뭔 상관?"이라고 썼다가 지우고 컴퓨터를 꺼버렸다. 어차피 퇴근 시간도 지났다.

■ 나는 다양한 경험을 사랑한다. 하고 싶은 것도 많고, 보고 싶은 것도 아주 많다. 그리고 기회가 닿는 만큼 모두 경험하며 살길 바란다. 그건 꽤 피로한 일이지만 그만큼의 짜릿함과 놀라움이 있고, 난 그럴 때 진정 살아있음을 느낀다. 사람이 성장하기 위해서는 다양한 계기와 경로가 있겠지만, 나는 사람과 사랑을 통해 배우는 게 제일 효과적이고 빠른 거라고 생각한다. 물론 누군가는 그걸 보고 이용하는 거라고 손가락질하겠지만, 나의 첫 번째 원칙은 원원(win-win)이다. 그러니까 나는 상대를 이용할 뿐만 아니라, 나도 기꺼이 이용당하길 바란다. 각자 원하는 걸 얻으면서 다 같이 행복하면 좋잖아?

단숨에
들뜨게 하는

로맨스 영화에 빠짐없이 등장하는 장면이 뭘까요? 바로 남녀 주인공이 첫눈에 반하는 장면이죠? 이렇게만 말했는데도, 우린 약속이라도 한 듯이 똑같은 장면을 연상할 수 있습니다. 낯선 남녀 등장하고, 사방이 조용해지고, 시선이 고정되고, 미소가 새어 나와요. 이 장면 연출에 빠질 수 없는 것은 잘생기고 예쁜 배우의 얼굴입니다만, 주황색 그녀라면 그 정도의 얼굴 천재가 아니라도 전혀 문제될 게 없어요. 그녀에겐 주의를 끄는 힘이 있거든요.

큰 소리로 떠들거나 화려한 의상 같은 걸로 주의를 끄는 게 아니에요. 주황색 그녀의 비결은 텐션의 강약 조절에 있어요. 언제 어디서나 자신이 돋보일 수 있는 '결정적인 한 방'을 노려요. 언제나 이런 걸 노리고 있다는 게 놀랍기도 하고 얄밉기도 하지만, 사실은 사실이에요. 항상 적당한 때를 의식하고 있기 때문에 '강약 중강 약'과 같은 리듬을 타면서 때를 기다려요. 그리고 때가 오면, 확실하게 주인공 자리를 꿰차요. 적어도 지금 이 순간만큼은 자신이 주인공임을 당돌하게 밝히고, 자기 존재감을 선명하게 드러내죠. 그 모습은 마치 절묘한 리듬감을 타고난 어느 흑인 같아요. 분명 춤추는 건 아닌데, 마치 춤을 추는 듯한 모습이죠. 그녀의 감각적인 몸짓을 눈으로 따라가다 보면 그냥 즐거워져요. 그 순간만큼은 아무 생각이 없어지기도 하고요. 그 기분을 한 번도 맛보지 못한 사람은 있어도 한 번만 맛보는 사람은 없다고 할 정도로, 중독성 강한 유형이 주황색 분위기 미인입니다.

솔직 담백한
연애

연애에 있어서 주황색 그녀의 기준은 단순합니다. 함께 있을 때 '기분이 좋은가 혹은 별로인가'가 절대적인 기준입니다. 그런 주황색 그녀에게 혹자는 이렇게 말하죠. "연애라는 게 어떻게 매번 기분 좋을 수가 있느냐. 최소 이십 년 이상 다르게 살아온 두 사람이 포개지는 건데, 딱 맞지 않는 부분이 발견되는 건 당연한 거고, 그 부분을 맞춰가는 것도 연애의 일부가 아니겠느냐"라고요.

이에 대해 주황색 그녀의 입장은 이러합니다. "당신 말에 동의한다. 딱 맞지 않는 미세한 틈을 함께 채워가는 재미야말로 연애의 하이라이트다. 하지만 그때마다 노-오력만 요구되는 관계는 별로다. 한바탕 소리치고 싸울 때도 왠지 모르게 신나는 사람! 각자의 모자란 부분을 드러낼 때도 꽤나 흡족한 사람! 그런 사람과 연애하고 싶다." 만약 거기서 좀 더 솔직해지기를 요구한다면, 주황색 그녀는 이렇게 덧붙일 겁니다. "난 따끈따끈한 남잘 원한다. 미적지근한 남잔 별로다."

그렇다면 지난날엔 뜨거웠으나 오늘날에 와서 미적지근해진 상황, 그러니까 분명히 사랑이었는데 사랑이 식었다고 느껴지는 날에는 어떻게 할까요? 이에 대해서 주황색 여자는 이렇게 말합니다. "두 사람 중에 어느 쪽이 되었건 '마음이 끝났다'고 느끼는 쪽은 어서 말해줘야 한다. 미안한 마음에 미루고 있다고? 그렇게 시간만 질질 끌다가 본인 마음 슬쩍 정리된 이후에 밝히는 거, 그게 더 나쁘다. 그럴 때 기꺼이 잔인해지는 쪽을 택하는 것도 일종의 배려라고 본다."

하지만 연애는 지하철 노선표 같은 게 아니죠? 지금 내 마음이 어디쯤 와 있으며 나는 어디에 도착할 예정인지, 아무리 들여다봐도 알 수가 없는 게 연애인데, 내 마음이 끝난 시점을 정확히 알 수 있다니요? 하지만 이에 대해서도 주황색 그녀의 입장은 견고합니다. "나도 옛날엔 그걸 구분할 줄 몰라서 헤어지자는 말을 툭툭 잘도 내뱉었다. 그래 놓고 며칠 뒤에 쪼르르 달려가서 안기고 그랬었다. 참 창피한 시절이었지. 그러던 어느 날 내 마음을 가만히 둘러봤다. 그리고 나는 대개 공통적인 순간에 이별해 왔다는 걸 알게 됐다. 첫째로는 내 눈에 상대의 욕구가 안 보일 때다. 쉽게 말하면 상대가 뭘 원하는지 더 이상 궁금하지도 않고 알고 싶지도 않아질 때다. 그런 경우엔 내가 어디까지 이기적일지 나도 나를 가늠할 수 없으므로, 얼른 헤어지자고 말해버린다. 둘째는 첫째와 정확히 반대되는 입장이 되었을 때다. 상대의 눈에 내 욕구가 안 보이는 거다. 그것도 마찬가지 이유로 헤어지자고 말하는 편이다."

이 기준은 얼핏 과격해 보이지만 사실은 세심한 정성이 요구되는 방식이죠. 주황색 그녀는 그런 연애를 원하고 또 실천합니다.

■ 주황색 그녀를 사랑한다면

첫째, 당신은 틀림없이 그녀에게 반했을 테죠. 우선 놀라지 말고 진정하세요.

둘째, 그녀의 이상형을 알려 달라고요? 그걸 알아봤자 의미 없을 겁니다. 그녀의 이상형은 수시로 바뀌거든요.

셋째, 그래도 좋아하는 남자 스타일이 있을 거 아니냐고요? 그녀는 '티키타카'가 잘 맞는 남자를 좋아합니다. 티키타카(tiqui-taca)는 스페인어로 탁구공이 빠르게 왔다 갔다 하는 모습을 뜻하는 말로 대화의 호흡이 잘 맞는다는 의미로 쓰임.

넷째, 아주 가끔이겠지만 그녀도 수줍어할 때가 있을 거예요. 그런 때에는 그녀를 꼭 끌어안아 주세요. 그녀 인생에 잊지 못할 순간으로 기억될 겁니다.

다섯째, 그녀가 '나쁜 년'이라고 느껴질 때는 혼자 속단하지 말고 그녀에게 대화를 요청하세요. 의외의 지점에서 오해가 싹텄을 가능성이 높아요.

다양한 경험을
사랑합니다

주황색 그녀는 주목받는 걸 좋아해요. 사람들의 시선과 관심이 확─ 하고 자기에게로 쏠릴 때의 그 짜릿함을 굉장히 좋아합니다. 그게 왜 그렇게까지 좋으냐고 물으면 할 말은 없을 겁니다. 그냥 태어날 때부터 그게 너무너무 좋았다고 대답할 수밖에요.

그러나 이와 관련해서 안타까운 소식이 하나 있어요. 한 조사에 따르면 '가장 싫어하는 색'을 묻는 질문에 주황색이 무려 18.5%로 1위를 차지했다고 해요. 아마도 처음엔 '가장 흥미로운 색'이었을 거예요. 그러나 톡톡 튀는 것 외에 아무런 매력이 없다면 점차 싫증이 나겠죠. 그렇게 '관심 밖의 색'이 되었는데도 끝까지 톡톡 튀어보려고 버둥거리는 모습은 추하기까지 합니다. 주황색 기질을 타고난 그녀라면 한 번쯤은 그 지경까지 간 경험이 있을 거예요. 그때가 돼서야 비로소 알게 됩니다. 누구도 늘 주인공일 수 없음을, 그렇게 조명 밖으로 밀려난 순간을 잘 살아내지 못하면 인생이 통째로 민망해질 수 있음을.

주황색 그녀에게 주인공이 되고 싶은 욕심을 다스리는 일은 그야말로 고행이라 할 수 있어요. '안 돼, 안 돼. 나서지 마. 가만히 있어. 지금은 네 차례가 아니야!' 이런 식으로 생각할수록 톡톡 튀어보려는 욕구가 반동적으로 튀어 오를 뿐이지요. 그리하여 결국 주황색 그녀는 생긴 대로 살기로 마음먹습니다. 자기 안에 강렬하게 살아 숨 쉬는 주인공 자아를 인정해 주기로 한 것이지요. 이전과 달라진 점이 있다면 무대조명의 조도에 따라 움직인다는 겁니다. 화려하고 강렬한 빛 아래에서는 보란 듯이 크게 뽐내고요. 깊고 소슬한 빛이 흐르면 소란

피우지 않고 최대한 느리게 움직여요. 또한 잔잔하고 따뜻한 빛 앞에서는 그저 미소만으로 충분하다는 것도 알게 되고요. 그리고 깜깜한 가운데 희미한 빛이 흐를 땐 용하게도 침묵을 지켜요.

아무도 환호하지 않아도, 아무도 궁금해하지 않아도 혼자서 주인공 놀이를 이어가는 걸 충분히 즐기는 그 시점부터가 주황색 그녀의 인생의 2막이라 할 수 있어요. 그때부터 얕고 깊음을 재지 않고 다양한 경험을 쌓아 가는데요. 그러다 보니 어느새 뇌를 거치지 않아도 본능적이고 육감적으로 움직여야 하는 순간과 움직이지 말아야 하는 순간을 귀신같이 가려내는 경지에 이르러요. 그 모습은 주변 사람들에게 '노련함'으로 각인되고요.

주황색 그녀는 자기 욕망을 드러내는 사람이에요. 물론 사람이라면 누구나 욕망을 갖고 있겠지만 주황색 그녀는 노골적으로 드러내죠. 『나는 뻔뻔하게 살기로 했다』라는 책에는 뻔뻔함을 선택하고 행복해진 사람들의 이야기가 실려 있는데요. 저자는 그들을 '너무 당당한데 미움받지 않는 사람들'이라고 정의했어요. 어째서 미움받지 않는 걸까요? 그걸 이해하려면 '나쁜 년'과 '나쁜 여자'의 결정적인 차이점이 뭔지 알면 돼요. '나쁜 년'은 게으르게 자기 욕망만 추구하는 사람이고요. '나쁜 여자'는 자신의 욕망뿐만 아니라 자기가 사랑하는 사람들의 욕망까지도 챙기는 사람이에요. 나쁜 년이라고 욕할까 하다가도 그녀가 보여주는 성실함과 진정성에 분노가 눈 녹듯 사라져 버리곤 하죠. 가끔 현실판 주황색 그녀들을 마주하면 상상하게 돼요. 깊숙이 원하는 걸 여과 없이 드러내고 사는 저를요. 그런 때에 제 몸속 기관 어딘가에서 올라올 희열을요. 상상만으로도 어마어마하게 짜릿한 거 있죠?

이처럼 까맣게 잊고 살던 꿈을 꾸게 하는 사람, 살고 싶은 인생을 살아도 괜찮다고 용기를 주는 사람, 그러니까 누군가의 연예인인 사람. **주황색 분위기 미인**입니다.

제5장

부드럽고 선한,
초록색 분위기 미인

캐릭터 소개

한송이

그녀의 소신 "좋아하는 일로 먹고삽니다"

████████

초록색은 대나무밭에 들어가서 바람을 느끼거나 향이 그윽한 녹차를 두 손으로 감싸 쥔 것 같은 효과를 준다. 평화롭고 안정적이며 세상의 고단함을 녹인다. 고요함 속에서 위안을 주며, 휴식을 통해 다음 일을 진행하도록 돕는다.

― 책 『컬러의 힘』 중에서

무장해제의 매력

초록색 분위기 미인은 균형 감각이 뛰어납니다. 초록은 색 스펙트럼에서 딱 중간에 위치하는데요, 그래서 초록색 에너지는 왼쪽으로도 오른쪽으로도 쏠리지 않게 조율하는 상태예요. 그 방식에는 배려와 기다림이 동반되며, 큰 소리를 내거나 밀치는 법이 없어요. 한 번도 가학적인 일 없이 과연 어떻게 평화롭고 안정적인 상태를 유지하는가, 이건 모두가 초록색 그녀에게 품는 의문입니다. 하지만 그녀는 그 놀라운 걸 해내죠. 그것도 아주 끈기 있게 해내죠. 곁에 이런 초록색 그녀가 있다는 건, 심지어 그녀와 매우 가까운 사이로 지낸다는 건 로또에 당첨되는 행운과 버금가는 일이라 생각해요. 제 경우엔 한 명 있습니다. 물론 살면서 여럿의 초록색 그녀를 만났습니다만 '그녀와 매우 가깝다'라고 자신 있게 말할 수 있는 인물은 한 명뿐입니다.

저는 그녀를 S실장님이라고 부릅니다. 처음엔 제가 대표였던 회사에 그녀가 직원으로 일했고, 몇 년 후엔 다른 회사에서 함께 일하는 사이가 되었다가, 최근엔 같이 새로운 분야에 도전해 보기로 결정했어요. 알고 지낸 지는 9년 차가 되었고, 나이는 열 살 차*(저는 82년생, 그녀는 92년생)*입니다. 누군가와의 연결이 쉬운 시대인 만큼 누군가를 버리기도 쉬운 이 시대에, 부부도 가족도 아닌 누군가와 강산도 변한다는 세월만큼을 함께 보낸 건 참 신기한 일입니다. 특히나 저는 창업이라는 무모한 도전 앞에 섰던 사람인 데다가, 자주 어리석은 결정을 해버리는 사람이라서 실망을 금치 못하고 끝끝내 등을 돌린 인연이 많았거든요.

그녀는 창업 환경에서 만난 동료 중에서는 드물게 말의 속뜻을 헤아리는 사람이었으며, 불확실함 앞에서도 사나운 민낯을 드러내지 않고, 실수를 탓하기보다 상처를 닦아주는 사람이었어요. 저의 폭 좁은 시야로는 그게 어떻게 가능한 건지를 전부 알기 어렵지만요. 그럼에도 그게 초록색 그녀들의 일관된 태도라는 건 알아요. 운 좋게도, 곁에서 오래 지켜봐 왔으니까요.

그녀와 제가 각자도생 하다가 재회하기로 한 날이었습니다. 아마 얼굴을 보는 게 햇수로 2년 만이었을 거예요. 저는 또 길을 헤맸고, 약속 장소에 먼저 도착해 있던 그녀가 큰길까지 마중을 나와 주었어요. "여기요! 여기!" 하면서 양팔로 크게 반원을 그리는 그녀 모습을 길 건너에서 바라보는데, 주책없이 눈물이 왈칵 쏟아지는 거예요. 이어 신호등이 초록색으로 바뀌었는데도 발길이 떨어지지 않았어요. 창피했거든요. 매번 실수하는 것도, 여전히 길을 못 찾는 것도, 뜬금없이 눈물이 흘러버린 것도, 모두. 그녀는 의아해하거나 재촉하는 기색 없이 기다려주었어요. 사거리의 신호가 사이좋게 돌아가며 초록색으로 바뀌었다가, 다시금 우리 신호가 초록색이 될 때까지요. 살짝 다급해진 제가 뛰겠다는 자세를 취했나 봐요. 건너편에 선 그녀가 느슨한 웃음과 함께 소리쳤어요. "뛰지 마세요! 뛰면 넘어져요!" 그때 저는 그녀와 '매우' 가까운 사이가 됐다고 느꼈어요. 이토록 침착하게 나를 기다려줄 줄 아는 사람을 절대로 놓치고 싶지 않다는 생각도 했고요.

초록색 그녀에게는 사람을 무장해제시키는 매력이 있어요. 저마다의 지난한 세상살이 가운데서 그녀를 만나면 긴장이 누그러지는 걸 느낄 거예요. 아마도 그녀 특유의 무해한 인상 때문이 아닐까 싶네요. 사람마다 속도가 다를 순 있지만 관계가 어느 정도 진척되면 어디서도 함부로 보인 적 없는 약점까지 드러내게 되는데요, 심지어 거기에 비밀까지 포함되어 있다 하더라도 뭐가 됐든 그녀는 그걸 끝까지 지켜줄 겁니다. 그녀와의 관계가 그 수준까지 깊어지면요, 그녀란 '없으면 살 수 없는 공기 같은 존재'와 다름없는 거죠.

이러한 초록색 분위기 미인이 되려면 기본적으로 여유와 아량, 원거리 시야가 필요한데, 이것들을 갖추려면 결정적으로 '자기 삶의 이유'를 찾아야 합니다. 이번 이야기의 주인공도 그 이유를 찾느라 한참 애를 먹었어요. 부드럽고 선한 색 〈초록색 분위기 미인, 한송이〉의 이야기를 들려드릴게요.

초록색 분위기 미인,
한송이

(소나무 송松, 마을 이里)

"좋아하는 일로 먹고삽니다"

한송이는 사과를 좋아했다. 정확히는 사과 깎는 걸 좋아했다. 사각사각 상쾌한 소리가 나는 것이 좋았고, 얇은 껍질이 다소곳이 쌓인 모양도 좋았고, 아삭한 사과를 베어 무는 사람들이 찡긋거리며 건네는 아침 인사용 눈짓도 좋았다. 정확히는 '말'하지 않고도 자신의 존재를 드러낼 수 있으며, 동시에 소통도 가능하기에 마음이 편해져서 좋았다. 한송이는 대학 졸업 이후로 여러 회사를 전전하며 살아왔다. 매번 새로운 일을 배우는 수고가 필요했지만 한송이는 귀찮아하지 않고 잘 받아들였다. 다만 새로운 사람들과 어울리는 것에는 상당한 스트레스를 받았는데, 여러 궁리 끝에 '아침 사과 깎기'를 시작했다. 회사가 바뀌고 사무실 사람들이 바뀌어도 매일 아침 사과만 깎고 있으면 내 집 같은 안락감을 맛볼 수 있었다. 쟤 좀 독특하다는 시선도 있었고 덕분에 고맙다는 인사도 있었다.

세무사무소에서 직원으로 일할 때였다. 세무사 자격증을 취득한 근무 세무사와 거의 같은 일을 하지만 급여나 처우 수준은 한참 낮았다. 출근한 지 세 달하고 열흘쯤 지난 어느 날 여직원들 사이에서 제일 고참인 언니가 따로 한송이를 불렀다. 언니는 한송이에게 '여기서 사과를 깎는다는 게 무슨 의미인지 알고 있느냐'라고 물었다. 한송이는 '따로 의미 같은 건 두지 않았다.'라고 답했다.

언니는 답답하다는 듯, '너의 의미가 중요한 게 아니'라면서, '돌아가는 분위기 보면 모르겠냐.'라고 했다. 한송이가 아는 것이라고는 언니들이 신입 세무사들에게 "세무사님"이라는 소리를 하기 싫어한다는 것과 "꼴불견"이라는 말을 참 자주 한다는 것 정도였다. 언니는 단도직입적으로 말했다. "걔네들에게 계속 사과를 깎아서 바치려거든 여길 떠나." 언니에게 실질적인 해고 통보의 권한이 있는 것이라 착각할 만큼 위압적인 기세였다.

언니 말은 못 들은 척하고 계속 다닐 수도 있었고, 다른 데로 옮길 수도 있었다. 하지만 한송이는 이참에 회사생활을 완전히 접기로 했다. 월급이라는 걸 받아서 결국 회사에 입고 갈 옷을 사고, 회사로 가는 버스비를 내고, 상사니 회식이니 야근 같은 것들이 주는 스트레스를 금요일 밤에 돈 쓰는 걸로 푸는 삶이 부질없게 느껴졌다. 그때그때 눈앞에 주어지는 일들을 따라 우왕좌왕하는 걸 멈추고 제대로 살길을 찾아보는 게 좋을 것 같았다. 생각은 그렇게 했어도 현실적으로는 막막한 일이었다. 괜한 오기를 부리는 것인가 싶으면서도 한편으로는 이렇게 용기가 나는 것 자체가 기회다 싶었다.

한송이는 공책에다가 내가 좋아하는 게 무엇인지 적어 보았다. 이렇게 기회를 줬는데도 한참을 아무것도 적지 못하겠다는 사실이 놀랍고 슬펐다. 꿈같은 걸 생각할 형편이 아니었으므로 그 생각 자체를 봉쇄하고 살아왔던 것이다. 그리고 마침내 떠올랐다. 아주 어릴 때 좋아했으나 재능이 있는지 없는지 알아볼 겨를도 없이 숨 죽어버린 꿈. 그것은 그림 그리기였다. 일단은 모아둔 돈으로 6개월만 실컷 그려보자는 마음으로 시작한 것이, 어느새 3년이 지난 지금까지 와버렸고, 한송이는 올해 연 첫 전시회에서 출점한 작품들을 다 팔았다. 무명작가의 사뿐한 첫 데뷔에 호기심과 시기심을 갖게 된 사람들은 물밀 듯 인터뷰를 요청했다.

_____ **쿠키영상 : 처음 뵙겠습니다**

"처음 뵙겠습니다. S님 채널에 이번 주에 올라온 영상도 잘 봤어요. 정말 매주 같은 요일 한 주도 안 빠지고 대단하세요. 볼 때는 재밌었는데 제가 찍힌다고 생각하니까 긴장돼서 잠이 잘 안 오더라고요. S님 영상이면 리얼리티가 생명인데 제가 실수나 안 할지 걱정도 되고 해서요. 아, 지금 바로 녹화버튼 누르는 거예요? 와, 정말 이렇게 바로 훅 시작하는군요."

    S측으로부터 인터뷰 요청이 들어왔을 때, 한송이는 최대한 정중하게 거절의 뜻을 밝혔다. 제대로 못 해낼 것이 뻔했기 때문이다. 평소 말하기보다 듣기에 익숙한 한송이에게 사진 몇 장 찍는 지면 인터뷰도 엄청나게 부담되는 일이었다. 그런데 하물며 영상 인터뷰라니! 약간 끔찍한 기분마저 들었다. S는 본인 채널에 출연했던 인물들이 이후에 어떤 마케팅 효과를 누렸는지에 대한 실질적인 데이터를 들이밀며 노련하게 설득했다. 또한 달변이 아니라도 편집으로 상당 부분 보완할 수 있다는 자신감도 단단히 내비쳤다. 그만큼 왜곡될 가능성도 큰 것 아니냐, 한송이가 조그맣게 물었을 때 S는 자존심이 상했는지 살짝 거친 숨소리를 몰아냈다. 다른 인터뷰 영상 여분이 충분히 있으니 이건 최종 게시 날짜를 정하지 않겠다, 원하는 만큼 충분히 수정하겠다, 하길 잘했다는 생각 들게 하겠다, 그런 조건들이 추가되었다.

_____ **Q1. 자기소개를 부탁한다**

    안녕하세요. '인물화를 그리는' 한송이입니다. 살면서 제가 만난 사람들, 대중매체에서 본 사람들, 전해 들은 사람들을 가리지 않고 그립니다. 주로 초상화에 속하지만 저의 주관적인 해석이 많이 섞여있어 당사자도 몰라보는 경우가 많습니다. 아직은 흉상화를 위주로 그리고 있지만, 조금 더 공부해서 전신상화까지 잘 표현하는 화가가 되고 싶습니다. 아참, 그리고 얼마 전에 서촌에서 첫 번째 전시회가 열렸고요. 감사하게도 모든 그림이 판매되었습니다 _(쑥스러움)_.

자기소개 부분의 분량은 총 59초였다. 실제로는 한참 더 떠들었던 것 같은데 핵심만 깔끔하게 편집됐다. 거기에 다양한 자료화면과 효과음이 첨가되니 한송이는 꽤나 촉망받는 예술가처럼 보였다. 촬영하는 동안 S는 입버릇처럼 "편하게 하세요, 편하게!" 했다. 잠시 이 상황을 까먹고 진짜 편하게 말하다가도 그 말만 들으면 카메라가 돌고 있다는 게 의식돼서 입안이 바짝 말랐다. 동시에 등줄기와 머리 꼭대기로 쭈뼛하는 긴장이 타고 지나갔고, 그 때문에 한송이는 지나가는 배에 구조를 요청하는 사람처럼 다급해 보였다. 카메라는 그런 사소한 태도까지 놓치지 않고 고스란히 기록했으나 S는 거기에 「음…」, 「그러니까」, 「처음이라 어색」 등과 같은 말풍선을 입혀 한송이의 서툰 태도를 덮어줬다.

_____ **Q2. 어떻게 퇴사를 결심할 수 있었나**

사람들이 퇴사하는 이유는 크게 두 가지 정도가 아닐까 생각해요. 첫째는 '하기 싫은 일을 하지 않기 위해서'. 두 번째는 '하고 싶은 일을 하기 위해서'. 저 같은 경우에는 두 번째에 해당하지만 결정의 과정이 쉽진 않았어요. 제가 대학 졸업한 이후로 제대로 쉰 적이 없었거든요. 제 전공이 전문성은 부족하지만 포용력이 좋은 편이라(웃음) 분야를 넘나들며 다양한 일을 할 수 있었어요. 현장에서 배운 노하우가 쌓이긴 했지만, 뭐랄까… 계속 둥둥 떠다니는 기분으로 살았던 것 같아요. 어디에도 정착하지 못하는 인간으로, 그렇게 계속해서 이방인으로, 존재감 없이 지냈죠. 그냥 먹고살기 바빴다 정도로 요약되는 시절이었어요.

어느 날 출근하려고 지하철을 탔는데 눈물이 주룩 흐르는 거예요. 저는 평소에 눈물이 많지는 않은 편이거든요. 근데 갑자기 울고 나니 덜컥 겁이 났어요. 내 안에서 무슨 일이 일어난 것 같긴 한데, 그걸 굳이 꺼내서 문제를 만들고 싶진 않은 마음인 거죠. 전날 같이 일하는 언니에게 혼나긴 했지만, 그런 일들은 매일 있는 일이니까 그게 진짜 이유가 아니란 것 정도만 생각하고 또 덮어뒀던 것 같아요. 그 무렵 자주 우울해졌고, 우울할 때마다 유동 인구가 많은 커피숍 창가에 앉아서 사람 구경을 했어요. 무표정한, 바쁜, 기쁜, 환희에 찬, 서글픈 얼굴들을 자세히 보고 또 봤어요. 어떤 날은 아무 느낌이 없다가, 어떤 날은 감정이 소용돌이쳤다가 그랬는데요, 차츰 고장 난 저의 감정선이 되살아나면서 전에 없던 용기 같은 게 불끈거리더라고요. 거대한 도시 안에서 착실한 부속품으로 사는 게 지겹다는 불만도 강하게 올라왔고요.

그래서 종이에 적어봤어요. 내 월급 중에 회사를 위해 쓰는 돈과 나를 위해 쓰는 돈을 구분해서요. 이를테면 출퇴근 버스비는 당연히 회사를 위해 쓰는 돈이지만, 점심값은 애매하죠? 근데 저 혼자였으면 8천 원짜리 돌솥비빔밥을 안 사 먹어도 될 것 같더라고요. 동료들과 같이 먹는 점심이고, 또 회사 근처니까 그만한 돈을 투자하는 거죠. 말이 조금 길어졌는데, 결론은, 소비 항목들을 주르륵 적어보고 뺄만한 것들을 지우고 보니까, 월급쟁이 안 해도 먹고살 수는 있겠다는 현실적인 자신감이 생기더라고요.

자막과 효과음을 따라가다 보니 분명 본인의 인터뷰 영상임에도, 영상 속 여자의 속사정이 궁금해질 지경이었다. 그리고 이내 못다 한 얘기들이 두서없이 떠올랐다. 구질구질한 장맛비처럼 축축한 습기를 머금고 기억 저편 어딘가에 널려있던 일들이었다. 애써 떠올리지 않았을 뿐 결코 사라지지는 않았던 사실들이었다.

그때 업계가 성수기로 접어들며 열댓 명쯤 되는 하청 업체 직원들이 돌아가며 새벽 근무에 주말 근무를 했었다. 대표 입장에서야 '이 또한 지나가리라' 하는 심정으로 좀 버텨주길 바랐겠지만, 직원이 둘이나 그만둬 버렸다. ㈜구인 광고를 보고 면접을 보러 온 사람이 한송이였다. 면접 날 형식적으로라도 전공이며 이력이며 컴퓨터 활용 능력 같은 기본적인 것들은 물어봐 줄 줄 알았다. 그러나 대표는 다른 건 일체 묻지 않고 한송이의 집 주소만 확인하고는 '내일부터 출근 가능하냐' 물어왔다. 집이 사무실과 10분 거리라는 이유로 합격한 셈이었다.

막상 출근하니 유령인간 취급이었다. 저희는 현재 엄청나게 바쁘니까 괜히 뭘 배우겠답시고 귀찮게 하지 말라는 식이었다. 꾸어다 놓은 보릿자루처럼 멀뚱히 앉아 있다가 "이거 타이핑해 줘요", "우체국 업무 있어요", "복사 100부, 순서대로요" 같은 일이라도 떨어지길 기다려야 했다. 매일 규칙적으로 했던 업무는 야식 타이밍에 법인 카드로 음식을 배달하는 거였다. 종이에 주문을 받고 떡볶이, 순대, 족발, 콜라를 사러 돌아다니고, 먹기 좋게 펼치고, 다 먹은 것들 뒷정리까지 했지만 누구 하나 고맙다는 말은 하지 않았다. 함께 일하는 동료라기보다는 일용직 가사도우미쯤으로 여기는 거였다. 그리고 비성수기로 접어들자 회사가 어렵다는 이유로 권고사직해 버렸다. 대표는 선심 쓰듯 나라에서 나오는 실업급여 신청을 허락했다. 그땐 정말 '돈'이 무섭다는 생각이 들었다.

_____ **Q3. 최저 생활비와 최고 수입은 얼마나 되는가**

이것도 진짜 많이 받은 질문인데(웃음) 최저랑 최고를 이렇게 딱 붙여서 물어온 적은 처음이에요. 먼저 최고 수입은요. 아마 이번 달이 되겠죠? 완판된 게 진짜인지 저도 아직 안 믿겨요. 이건 갤러리 측과의 계약에서 비밀유지 의무가 있거든요. 정확한 금액을 알리지 말라고 하셨어요. 그림 구입한 분들의 신상도요. 최소한 다음 전시회까지 아르바이트 안 하고도 아슬아슬하게 버틸 순 있을 것 같아요.

그리고 한참 아껴 쓰던 얘기도 들려드릴게요. 말씀드렸듯이 처음 6개월은 '나도 한번 한량으로 살아보자' 하는 마음이었는데, 사람이라는 동물이요, 상황에 알맞게 주제 파악을 하더라고요. 흥청망청 써 재끼는 일은 거의 없었어요. 오히려 그 사이에 검소하고 간결하게 사는 게 몸에 배었던 것 같아요. 덕분에 이후 1년까지도 그냥저냥 살아졌어요.

문제는 통장에 잔고가 한 백이~삼십만 원쯤 남았을 때였죠. 그때쯤 이력서를 쓰고 면접을 보러 다니든지, 아르바이트라도 찾아보든지 해야 했죠. 저는 놀라울 정도로 결정이 느린 사람이라 그걸 결정하는 데 3개월이나 걸렸으니까, 그때가 바로 최저 생활비를 기록하던 때였겠군요. 한 달 월세 삼십만 원 빼고 나머지를 일~이십만 원 안에서 다 해결했으니까, 아주 대단했네요(또 웃음).

그즈음 어린이집에서 일하는 친구가 신혼여행을 가게 돼서 열흘 정도 대타를 구하는 일이 생겼어요. 마침 저에게 보육교사 3급 자격증이 있었거든요. 사람 구하기가 어려운 시기라 열흘에 백만 원 가까이 준다는 말에 홀랑 넘어가서 하겠다고 했죠. 첫날, 원장님은 저를 보자마자 '인상이 순해서 아이들이 잘 따르겠다'고 좋아하셨는데 정말로 그랬어요. 덕분에 이 아이 저 아이들이 저에게만 엉겨 붙는 통에 일복이 터졌죠. 밥 먹이고, 책 읽어주고, 재우고, 놀이하는 걸 반복하는 동안에 다른 생각은 일절 할 수 없었어요. 그만두는 날, 원장님이 꽤 솔깃해지는 급여를 제안하면서 이쪽 일을 해보지 않겠냐고 물어오셨어요. 근데 저는 그때 이미 그림에 미쳐 있었어요. 일주일에 두 번, 아이들과 그림 놀이를 하는 시간이 있었는데 그때만 목이 빠져라 기다려지고요. 아이들과 정신없이 시간 보내고 돌아오는 길엔 제가 막 뛰는 거예요. 빨리 집에 가서 그림 그리고 싶어서요. 어느새 그림 그리는 시간을 더 늘리는 게 저의 목표가 되어 있었어요. 그러니까 정규직으로는 일할 수가 없는 거죠. "제가 그림을 그리거든요. 그림을 그려야 해서요."라며 밑도 끝도 없는 말로 거절하고 어린이집을 나오던 길에 발걸음이 참 가벼웠어요.

결국 제 결정은요? 월 육칠십만 원 정도 벌 만한 아르바이트 하면서 한 3년만 버텨 보자는 쪽으로 정리됐어요. 그래도 통장에 마음 붙일 만한 목돈이 조금은 있어야 될 것 같았거든요. 살던 집의 보증금을 빼서 여성 전용 고시원 같은 곳에 들어가는 방법도 있지만, 아무래도 냄새 때문에 안 될 것 같더라고요. 요새는 유화물감이 비교적 안전하긴 한데 그래도 냄새는 못 말리게 지독해요. 칸막이 한 칸 사이에 두고 지내게 될 사람들에게 몹쓸 짓이라 포기했어요. 대신 생명보험금을 담보로 약관대출을 받았어요. 아르바이트는 되는 대로 했고요. 했던 것 중에 제일 쏠쏠했던 건 청소 대행 아르바이트들이었지요. 가장 저렴했던 건 문서 입력 아르바이트 종류였고요. 제가 정착한 건 주점 서빙 아르바이트였어요. 신장개업식 하는 날 객원으로 투입되어 하게 됐고요. 사장님이 기분파이시라 충동적으로 그날 인원을 전원 채용하셨는데, 신기하게 적자는 안 난다 했어요. 단골이 늘면서 사장님이 술을 많이 드시는 게 문제라면 문제였지요. 저는 주로 늦은 저녁 시간을 배정받았어요. 종일 그림만 그리다가 왁자한 주점 홀에 딱 들어서면요, 이미 상기된 얼굴로 자리에 앉아 있던 동네 사람들이 도리어 저를 반겨줬어요. 저도 덩달아 밝아진 기분으로 맥주며 마른안주며 골뱅이 무침을 날랐죠.

그렇게 현실감각도 오롯이 살아나고, 하루 일과도 규칙적으로 돌아가고, 제 일자리로는 안성맞춤이었죠. 사장님이 '넌 뭐가 그렇게 맨날 좋아서 실실 웃고 다니냐'라고 자주 물어보셨어요. 제가 그랬나 봐요. 예전엔 돈 하면 매정하고 쌀쌀맞은 집주인 같은 이미지가 강해서 은연중에 위축됐었는데, 주점에서 일하면서부터는 돈이 생기 있는 아침을 열어주는 열쇠 같았어요. '이걸로 정확히 내가 원하는 걸 할 거야' 하면 아무도 안 부럽고 배짱도 두둑해졌어요.

그즈음부터 제 눈에도 제 그림이 괜찮아지고 있는 게 보였어요. 어떤 분야든 실력이 오르는 구간이 있다고 어떤 책에서 본 것 같은데, 저도 그 말에 맞장구치게 되더라고요. 손에 잡힐 듯 안 잡히는 뭉게구름처럼 떠다니던 이미지가 구체화되기 시작했거든요. 도화지가 내 마음을 충실하고 세심하게 읽어주고 있다는 교감이 있었어요. 어느 정도 완성됐을 땐 '이거야!' 하는 쾌감이 손끝으로 짜르르- 번졌는데, 그 맛을 또 보려고 날밤도 여러 날 새웠어요.

한송이가 거기까지 이야기를 마치자 S가 말했다. "잠깐 데이터 백업하고 다시 이어 갈게요." 한송이는 꽉 틀어 막혀 있던 숨통을 조금 푼 채로 창문 너머 먼 산을 보며 멍을 때렸다. 하지만 S는 쉬는 걸 별로 안 좋아하는 사람 같았다. "여기 와서 이거 좀 볼래요? 중간 모니터 하면 표정이 훨씬 좋아져요." 한송이는 하는 수 없이 자리를 옮겨 노트북 화면을 봤다. 영상 편집 프로그램을 만지는 S의 손동작은 그야말로 현란했다. 이리저리 돌리고, 키우고, 점찍고, 자르고, 붙였다. 그러면서 S는 자꾸만 "죽이죠?"라고 물었는데, 한송이가 죽이게 잘 나왔다는 건지 본인의 실력이 죽이게 뛰어나다는 건지 알 수 없었다.

S는 계속해서 한송이가 모르는 말들을 했고 한송이는 잠자코 딴생각을 했다. 지

금까지 한 말들이 거짓은 아니지만 깊숙한 진실은 따로 있다는 생각. 그것까지 말해야 하나 말아야 하나 고민된다는 생각. 저렇게 아이처럼 들뜬 S를 보니 조금 미안해진다는 생각. 이거 하나 찍는 데 이런 것까지 생각해야 한다는 게 싫다는 생각. 얼른 끝났으면 좋겠다는 생각. 이어 한송이는 대단한 걸 결심한 모양으로 입을 열었다. "돈 얘기를 좀 더 하고 싶어요."

_____ **Q4. 결정적인 성공 비결은 무엇인가**

60만 원 선에서 한 달 지출을 해결해보자는 제 계획에는 허점이 하나 있었어요. 그림 그리겠다는 사람이 미술 재료비 생각을 못 했던 거죠. 제가 그리는 유화는 10호짜리 작은 크기도 최소 5만 원의 재료비가 들어가요. 아르바이트 시간을 더 늘려서 재료비를 벌자니 그럴 바엔 다시 월급쟁이로 돌아가는 거랑 다를 게 없었고요. 한동안은 답 안 나오는 생각은 좀 덮어두고 스케치에만 집중했어요. 머릿속으로는 여기에 어떤 색을 입힐지 계속 상상해 가면서요.

여기까지는 비교적 아름다운 얘기고요, 이젠 다른 얘길 좀 해야겠네요. 낮에는 이렇게 저렇게 보낼 수 있었는데, 밤만 되면 집안 어딘가에서 수백수천 개의 알을 까고 있을 바퀴벌레들처럼 불안이 바글바글 몰려왔어요. 그럴수록 문제를 똑바로 바라보고 해결책을 찾아야 하는데 제가 그걸 바퀴벌레보다 더 무서워하거든요. 그러던 어느 날 주점에 출근했더니 사장님이 저를 따로 불렀어요. 어젯밤에 단체석에 앉아있던 양복 입은 남자를 기억하냐고요. 저는 기억나지 않았어요. 당연하잖아요? 아마 전날 온 남자 손님의 3분의 1은 양복을 입었을걸요? 이 양반이 뭔 애길 하려고 이러시나 불길한 예감이 들어서 입을 꾹 다물고 서 있었어요.

하지만 제 예감은 완전히 빗나갔어요. 그 남자가 텔레비전에도 몇 번 나온 유명한 미술평론가인데 제 그림을 한번 보고 싶다 했대요. 머릿속으로 '나를? 왜?'라는 물음이 스쳤지만 솔직히 솔깃했어요. 쥐구멍에도 볕이 드는구나 싶어 그 남자의 명함을 야무지게 받아 들었죠. 그 남자와는 집 근처 카페에서 만났어요. 제 그림을 잠깐 보고 심오한 고갯짓을 몇 번 하더니 '계속 그려볼 생각 있냐'고 물었어요. 저는 로또에 당첨된 사람처럼 황홀해하며 '그렇다'고 대답했어요. 그렇다면 내일 오전 11시까지 이쪽으로 오라면서 새로운 명함 하나를 주더군요. 주소지는 서울 강남구 청담동 223-7번지였어요.

다음 날 도착한 곳은 갤러리였습니다. 입구에서 제 이름을 밝히니 응접실로 안내되었고, 곧이어 어제 그 남자가 젊은 여자와 함께 들어왔어요. 여자는 본인을 갤러리 관장이라고 소개하면서 어제 남자한테서 받은 것과 같은 명함을 주었어요. 저는 처음인 척 받았고요. 이런저런 얘길 조금 나눠보니 그 여자가 50대 초반이란 사실에 깜짝 놀랐어요. 그땐 저도 모르게 '돈'이 좋긴 좋구나 생각했어요. 마침 여자의 긴 머리칼 뒤로 강한 빛이 지나고 있었는데, 그래서였을까요? 나도 한번 저 후광을 입어보자는 각오가 물밀 듯이 밀려오면서 가슴이 막 뛰는 거예요. 그렇게 제가 잠깐 넋 놓고 있는 사이에도 대화는 진행되었어요. 사실 못 알아듣는 표현이 좀 많았는데 그게 문제가 되어 보이진 않았어요. 그들은 처음부터 제 말은 들을 생각이 없었다는 듯이, 잘 훈련된 축구팀처럼 자기들끼리 주거니 받거니 얘길 이어갔거든요. 제가 살아온 일상에서는 자주 들을 일 없는 번듯하고 매너 좋고 값진 단어들이 등장했어요.

그중에서도 가슴에 확 꽂힌 부분은 '자기네 갤러리의 예술적 소신에 부합하는 예술가를 발굴하여'라는 말이었어요. 그땐 저도 대화에 한번 끼어들며 이렇게 물었어요. "그러니까 제가 이쪽 갤러리 소속 예술가로 캐스팅되는 건가요? 연예인으로 치면 길거리 캐스팅 같은 거죠?" 잠시 정적이 흘렀어요. 제가 뭘 잘못했나 돌아보는 새에, 장밋빛 볼터치가 곱게 발라져 있던 여자의 광대가 한껏 올라가며 '하하하' 소리가 응접실을 울렸어요. 보란 듯이 웃고 난 여자는 타이르는 투로 저에게 일러줬죠. "그러니까 저희는, 저희 쪽 예술가를 도와주실 분을 찾고 있어요."

결론적으로 그들이 찾는 건 대리 화가였습니다. 여자는 손끝을 세워 계약서를 살짝 밀었어요. 그리고 조건이 마음에 들거든 연락 달라는 말을 건네며 정중히 배웅해 주었어요. '안녕히 계시라'는 말을 남기고 나오는 제 뒷모습이 얼마나 초라했을지, 안 보셨어도 아시겠죠? 근데 더 비참한 건 계약서에 적힌 조건을 보고 진지하게 흔들렸다는 거예요. 어차피 내가 좋아하는 건 그림 그리는 건데, 전공자도 아닌 내가 그림으로 먹고살 방법은 저거밖에 없지 않을까 하면서요. 계약서를 들췄다가 밀어 두기를 수십 번도 넘게 하면서 나중엔 이것도 '기회'가 아닐까 하는 생각까지 들더라고요.

이제 S님 질문에 답을 해야겠네요. 결정적인 성공 비결이 뭐였는지 물었죠? '결정적' 같은 건 없다는 게 제 답이에요. 그보단 하고 싶은 일을 하기 위해서 내가 뭘 감당할 것인가를 고민하는 게 현실적일 거예요.

저는 결국 엄마를 찾아갔어요. 저희 아버지는 일찍 돌아가셨고 자식도 저 하나뿐인데요, 엄마가 재혼을 하셔서 저를 자주 볼 형편은 아니었어요. 같은 여자로서 이해를 못 했던 건 아니지만요, 어린 딸을 할머니에게 맡기고 재가한 엄마는 냉혈인이 분명하다는 생각으로 살아왔기 때문에 찾아가는 게 쉽진 않았어요. 그나마 다행인 건 새아버지의 자식들이 전부 분가를 해서 그 집에 두 분만 사신다는 거였어요. 잠잘 곳만 내어주면 쥐 죽은 듯 지낼 거라고 각오했어요. 철없이 자랐다는 소리도 듣기 싫어서 뒤늦게 그림 그린다는 얘기도 안 할 작정이었고요.

아참, 주점 사장님이 일전에 설레발친 게 마음에 걸리셨던지 제 사정 봐서 가게 구석에 작은 창고를 내주셨거든요. 그림은 거기서 그리면 되니까 한시름 놓은 상태였어요. 수년 만에 엄마한테 전화 걸었어요. "여보세요?" 수화기 저쪽에서 아련한 목소리가 들렸을 때 도저히 입이 안 떨어지더라고요. 그런데 꾹 참고 할 말을 했어요. 잘 곳이 없다고, 사정이 그리됐다고요. 엄마의 호흡이 거칠어지는 게 느껴졌어요. 곤란하셨겠지만 어쩌겠어요, 자식인데. 다음 날부터 세 식구의 어색한 동거가 시작됐죠. 제가 예상했던 것보다 훨씬, 정말 훨씬 불편했어요. 지금 생각해 보면 그렇게 그 집에서 버틴 게 꿈을 더 견고하게 해준 것 같아요. 긍정적인 의미의 보상심리 같은 거죠.

그 와중에 주점 구석 창고에 마련한 화실 분위기가 꽤 괜찮았어요. 그래서 유튜브에 'study with me'라는 제목으로 10시간씩, 12시간씩 가만히 그림 그리는 걸 올렸어요. 그림 공부를 한다는 개인적인 목적도 있었고, 여타의 다사다망한 이유로 오래 앉아서 일하고 공부하는 분들께도 시각적인 자극을 드리면 재미있겠다 싶은 생각에서요. 언어와 상관없는 영상이라 그런지 처음엔 프랑스, 캐나다, 일본말로 댓글이 달렸어요. 번역기를 돌려도 다 알아듣진 못했지만 숨이 가쁠 만큼 좋더라고요. 그러다 한국 팬들도 좀 생기고 소통에 재미를 붙였어요.

나중에는 실시간 라이브 방송을 틀어놓고 그림을 그렸는데요, 글쎄 사람들이 별다른 이유 없이 오천 원, 만 원씩 슈퍼챗이라는 후원을 보내줬어요. 그림 자체가 훌륭해서라기보다는 제가 '주점에서 일하는 화가'이면서 '창고에서 그리는 그림'이라는 점을 응원해 주신 것 같아요. 상황과 형태는 다르지만 우리 모두 꿈과 돈의 애매한 경계에 있으니까, 작은 화방에서 조금씩 그려나가고 있다는 사실 자체에 공감이 있었던 거죠.

_____ **엔딩 : 여러분의 꿈을 응원합니다**

마지막엔 잔잔한 배경음악과 '여러분의 꿈을 응원합니다'라는 다소 진부한 메시지가 흘렀다. 한송이는 핸드폰을 내려놓고 잠시 한숨을 돌렸다. 화면에 그림 그리는 모습만 비칠 때는 전혀 다른 긴장이 있었다. 자기 인생의 어떤 순간들이 드라마틱하게 축약되어 빵빵- 연속 플래시를 터트리는 걸 보는 건, 꽤 자극적이었다. 시곗바늘은 오전 10시 20분을 가리키고 있었다. 지금 집에는 그녀와 새아버지 둘뿐이었다. 방문을 열고 나갈 타이밍을 잡기 위해 거실 쪽으로 귀를 기울여 봤다. 조용했다. 서둘러 외투를 입고 방문 손잡이를 비틀었다. 오늘따라 유난히 쇳소리가 크게 들렸다. 저절로 멈칫하게 됐다. 한송이는 스스로를 달래듯 중얼거렸다. "내년쯤엔 나갈 수 있을 거야."

■ 나는 잘 참는다. 묻지도 따지지도 않고 대부분 잘 견뎠다. 그러다가 때가 되면 앓았다. 겉으로 감기나 몸살을 앓기도 하고 속으로 곪기도 했던 것 같다. 그게 회복이 안 되면 주로 세 가지 증상을 보인다. 피하거나, 멍 때리거나, 흘려듣거나. 눈치 빠른 사람들은 그

게 내가 하는 전쟁 선포임을 알기도 하지만 대부분은 모르고 넘어간다. 내가 결국 전쟁으로까지 이끌고 가지 않기 때문이다. 오늘도 나는 나의 특기인 참기와 함께 살아간다. 달라진 게 있다면 매일 '이유'를 묻는다는 거다. 왜 참아? 무엇 때문에 참아? 내 마음에 드는 이유와 함께 참는 건 이전과는 전혀 다른 세계였다. 그 세계 속에 나는 용기와 배짱과 패기로 꽉 찬 여자다. 그런 내가 마음에 든다.

편안함이
동반된 설렘

초록색 분위기 미인이 첫 만남에서 자주 듣는 말이 있어요. "우리 어디선가 만 난 적이 있지요?" 사실은 다양한 사람들에게서 늘 들어온 말이지만, 초록색 그 녀의 반응은 한결같습니다. 가타부타 대답하지 않고, 상대가 떠올리는 상대의 추억 속 한 장면으로 쏙 들어가서 '그날 날씨는 어땠어요?' 하고 묻는 자세로 상 대를 바라봐요. 그러면 상대 또한 그날의 기분을 소환하여, 그날과 관련된 얘기 를 주저리주저리 늘어놓게 돼요. 그 얘긴 다소 따분할 수 있고, 쉽게 공감하기 힘들 수가 있고, 과장이 분명하다고 느껴질 수 있는데요. 어떤 쪽의 얘기든 아 무런 편견 없이 있는 그대로 쏙 흡수하듯 받아들이는 사람이 초록색 분위기 미 인입니다.

보통의 경우, 이토록 온몸으로 자기 얘길 들어주는 사람을 만나면 '치유'를 경 험합니다. 며칠 전에 누군가의 말, 누군가의 눈빛, 누군가의 행동에 베었던 마음 의 상처에 새살이 돋듯 마음 한구석이 간질거려요. 이렇듯 '편안함이 동반된 설 렘'은 아무나 불러일으킬 수 없는 감정입니다. 초록색 그녀가 아니면 힘들 것이 라고 단언해도 지나치지 않아요. 조곤조곤한 말투, 집요하게 파고들지 않는 대 화법, 섬세하고 느린 손동작 같은 모습에서 흘러나오는 편안함 등을 통해 사람 들은 마치 고요한 숲을 거니는 것 같은 기분으로 초록색 그녀 곁에 오래 머무르 게 돼요.

친절한
연인

「연애는 귀찮지만 외로운 건 싫어」라는 제목의 드라마가 있습니다. "연애는 하고 싶은데 심각한 건 부담스럽고, 자유는 누리고 싶은데 외로운 건 싫은 젊은 이들이 한데 모여 살면서 벌어지는 이야기를 그린 로맨스 드라마"라고 소개되어 있더군요. 동시대를 살아가는 우리들의 솔직한 심정을 대변하는 기획이죠? 같은 이유로 반려동물과 함께 사는 사람들이 대거 등장하더니, 최근엔 반려식물을 기르는 식물 가족도 늘고 있어요.

저도 얼마 전부터 집안 곳곳에 식물을 들이고 있는데요, 여러모로 정말 좋더라고요. 홀로 두고 외출해도 미안하지 않아서 좋고, 오래 바라보며 멍 때리기에도 좋고, 실질적으로 공기 정화까지 해주니까 건강에도 좋아서, 한 그루에서 두 그루, 세 그루까지 계속 욕심내고 있는 실정이에요. 초록색 그녀도 반려식물과 마찬가지로 기본적으로는 독립적이면서, 때론 편안하고 때론 섬세한 매력을 가지고 있습니다. 그렇다 보니 "사람 보는 눈이 있다"라고 자부하는 남자들에게 청혼을 받는 일이 많지만, 초록색 그녀는 호락호락 승낙하지 않아요. 친절한 것과 사랑하는 건 엄연히 다른 문제이니까요.

그렇다면 초록색 그녀는 어떤 남자에게 대단한 사랑을 느낄까요?

첫째, 그 남자를 소개팅에서 만나지는 않았을 거예요. 그 짧은 시간 안에 누군가를 판단하는 건 초록색 그녀에게 이만저만한 고역이 아니니까요. 얘기를 잘 들어준 것을 호감 신호로 여기면 그걸 어떻게 상처 주지 않고 거절할지에 너무 많은 에너지를 소모하기 때문에, 애초에 소개팅을 하지 않아요.

둘째, 초록색 그녀가 베푸는 친절을 한계점까지 몰고 가지 않는 남자예요. 영화 「부당 거래」에서 주양(類承範)이 한 말이 꽤 널리 회자되었죠? "호의가 계속되면 그게 권리인 줄 알아요." 다른 사람도 아니고 초록색 그녀의 입에서 이런 말까지 나왔다면, 그 관계의 불균형 상태가 심각 단계에 이르렀다고 볼 수 있지요. 영화 제목처럼 부당 거래가 아주 오랫동안 지속되고 있었던 셈인데요. 운이 나빠서 그런 남자와 엮여있는 상태라고 해도 대단한 사랑까지 느끼지는 못할 것이고, 따라서 청혼까지 받아들이는 일도 없겠지요.

셋째, 이따금 초록색 그녀가 부리는 고집의 이유를 묻거나 따지지 않는 남자예요. 그 고집으로 말할 것 같으면, 드러나는 횟수는 가뭄에 콩 나는 수준이지만 누가 봐도 타당하지 못하다 여겨지는 종류의 고집입니다. 남들은 "쟤 갑자기 왜 저래?"와 같은 반응을 보이지만, 초록색 그녀의 남자라면 다행스럽게 여기고 흐뭇하게 바라볼 거예요. 평소 감정을 표출하는 것에 서툰 초록색 그녀를 애처롭게 생각하고 있으니까요. 그러던 도중에 초록색 그녀의 얼굴에서 일말의 부끄러움을 발견하면 더욱이 안타까워서, 그 시간 전부를 통째로 껴안아 버려요. 커다란 포용력을 발휘한다는 말이죠.

초록색 그녀는 이러한 면모를 가진 남자를 만나서 되도록 오래 만나요. 좋은 기억과 나쁜 기억이라는 구별 자체가 의미 없을 정도로 오래오래. 둘의 시간이 세월이라고 불러도 좋을 만큼 오래오래.

■ 초록색 그녀를 사랑한다면

첫째, 그녀의 친절은 인류애로부터 비롯됩니다. 그녀와 유대를 쌓고 싶다면 함께 봉
　　사활동을 다닐 것을 권합니다.

둘째, 그녀는 '경청의 천재'입니다. 당신의 유머가 어디서든 잘 통하리라 착각하기 시
　　작하면 곤란합니다.

셋째, 그녀의 고집에는 이유가 없어요. 그럴 때 당신이 취할 수 있는 가장 멍청한 자
　　세는 법관이 되는 겁니다. 제발 시시비비를 따지지 마세요.

넷째, 한 번 경험하면 절대 못 잊는다는 그것─그녀의 안락함에 파묻혀서 잠들기.

다섯째, 드문드문 그녀가 지쳐 보이면 함께 바깥바람을 쐬러 나가 보세요. 그녀를 처
　　음 보았던 그때처럼, 편안함이 동반된 설렘이 느껴질 겁니다.

좋아하는 일로
먹고삽니다

색채 전문가들이 조언하길, 뚜렷한 이유 없이 공격적인 성향이 나타날 때는 초록색을 가까이하는 게 좋대요. 신경과 근육의 이완을 도와 피로를 풀어주는 효과가 있기 때문이라네요. 옛날 어른들이 녹색 채소를 먹으면 속이 편하다는 말씀을 많이 하셨는데, 그것도 녹색 에너지가 부교감 신경을 활성화하기 때문이고요.

하지만 모든 성질에는 양면성이 존재합니다. 성격과 성향 그리고 사람도 마찬가지죠. 초록색 그녀 역시 정확한 규칙 안에서는 한없이 온화한 사람이지만, 급박한 상황에서는 왠지 얄미운 사람이에요. 무엇이 됐건, 기존의 질서가 조금이라도 무너지는 상황에서 초록색 그녀는 확 달려들지 못하고 끙끙 앓기만 하다가, 이내 미세해져 버리는 쪽이거든요. 그러면 자연스럽게 옆 사람이 팔을 걷어붙이고 급한 불을 끄는 쪽이 됩니다. 그런 일이 여러 날 반복되면 묘하게 약이 오르면서 "쟤 뭐냐" 하는 뒷담화가 시작됩니다.

그렇다면 정작 초록색 그녀는 무엇 때문에 답답하게 혹은 얄밉게 구는 걸까요? 바로 '지조' 때문이에요. 단어의 뜻 그대로 원칙과 신념 앞에서 끝까지 꿋꿋하게 살기 위해서, 시시각각 다변하는 세계에서 휘청거리지 않고 존엄하게 살기 위해서입니다. 그리고 이를 위해서, 기존과는 다른 방식으로 움직여야 하는 상황이 발생하면 즉각적인 반응을 보이지 않고, 절대 넘지 말자고 정해둔 선을 찬찬히 떠올립니다. 이어서 그 선 사이로 여러 상황이 흘러가는 걸 지켜보며 계속 기다리지요. 경우에 따라 짧게 걸릴 때도 있고 오래 걸릴 때도 있지만, 어쨌든 스스로 떳떳할 수 있는 순간까지 기다리는 것으로써 자신의 존엄과 품위를 지켜요.

이처럼 초록색 그녀는 겉으로만 유순해 보일 뿐, 내실은 꽤 단단한 편이라서 '지속적으로 소모당하는 느낌'이 들면 이직이든 퇴사든, 뭐든 깔끔하게 해버립니다. 물론 어른에게 돈은 무척 소중한 문제지만, 대체로 초록색 그녀들이 원하는 건 떼돈이 아니거든요. 단돈 십만 원을 갖더라도 돈에 위축되는 삶이 아닌 돈과 동등한 삶을 원합니다.

"성공의 표준 공식을 깨는 비범한 승자들의 원칙"이라는 부제를 단 책 『다크 호스』에서는 정통적인 교육을 받지 않고도 대가의 경지에 이른 이들을 다크 호스라고 정의하고, 그들이 어떤 방식으로 우수성을 획득했는지 인터뷰한 내용이 실려 있어요. 그들의 공통점을 찾는 건 쉽지 않았어요. 성격도 제각각이고 특별한 동기나 사회경제적 배경, 공부 및 연습 방법까지 모두 다 달랐다고 해요. 그중에서 저자들이 발견한 딱 한 가지 공통점이 있었는데, 그건 충족감을 느끼며 산다는 것이었어요. 놀랍게도 제 주변의 초록색 그녀들도 그 느낌을 정확히 알고 있었어요. 어쩌면 충족감을 넘어선 충만감에 가까운 그 느낌, 모자람이 없는 정도가 아니라 넘치기 직전까지 찰랑찰랑 차오르는 느낌을요. 그 느낌을 알아버렸는데 어떻게 다른 걸 우선시할 수 있겠어요.

그렇게 스스로 맞춤형 행복을 찾아내고 그 길로 뚜벅뚜벅 걸어가는 사람, 참 단단한 사람. **초록색 분위기 미인**입니다.

제6장

우아하고 나른한,
보라색 분위기 미인

캐릭터 소개

강안나

그녀의 소신 "열린 결말을 선택하겠습니다"

━━━━━

보랏빛은 가장 개성이 강하고 분명하게 대비되는 빨간색과 파란색이 혼합된 색으로, 그래서인지 종종 '신비의 색'으로 받아들여진다. 색채심리학적으로 보라색은 활기와 억제 두 가지 심리를 동시에 갖는다. 보라색은 자존과 자기 애착에 따르는 고귀함, 화려함, 귀족성 등과 같은 긍정적인 이미지와 함께, 현대 사회의 소비자가 감내해야 하는 우울감, 갈등, 애증, 병약감 등의 부정적인 이미지가 공존한다.

— 책 『트렌드 코리아 2011』 중에서

예술적인 그녀

보라색 분위기 미인은 예술가적 기질이 강합니다. 예술가라고 하면 흔히 자의식이 과잉된 사람, 정체 모를 우울을 끌고 다니는 사람이라고 여기는데, 완전히 틀린 얘기는 아니지요. 그런 결핍을 가진 사람이라서 자신을 포함한 주변 세계를 탐구하는 것에 지치지 않을 수 있으며, 결국엔 어딘가 깊숙한 곳에 있던 이면의 것을 끄집어내고야 맙니다. 그것은 때때로 불편함을 자극하기도 하지만, 대개는 은밀한 정서를 녹여내기 때문에 사람들은 짐짓 놀라게 되는데요, 이후 '저 사람은 내 마음을 구체적으로 아는 유일한 사람'이라는 믿음과 함께 일종의 팬심 같은 게 생깁니다. 어쩌면 그건 대중이 예술가를 사랑하는 방식과 유사할지도 모르겠어요.

미국 미술계의 살아있는 전설이라 불리는 로버트 헨리는 "예술이란 정신적

헌신이다"라는 말로 학생들에게 열렬한 호응을 샀는데요. 더불어 그는 "어떤 사람에게 예술가의 정신이 살아 있다면, 그는 어떤 일이든 창의적이고 탐구적이며 과감하게 자신을 표현하려 할 것이다"라고 말했습니다. 반드시 직업적인 예술 활동을 하는 사람이 아니더라도, 한 사람의 생활 방식 자체가 저러하듯 예술적일 수 있고요. 제가 보아온 보라색 그녀들은 헨리가 말하는 예술가의 정신을 자기 삶에 잘 버무려서 살아가더라고요. 얼핏 바깥세상에 호응하는 것처럼 보이지만 실질적으로는 호응하지 않으면서, 때때로 완전히 등지기도 하면서, 그러다 본인이 꽂히는 게 나타나면 완전히 빠져들어서 먹고 마시고 잠들어요. 직장 생활에서도, 연애할 때도, 친구 사이에서도, 이따금씩 그렇게 패턴을 바꾸는 방식으로 자신의 예민한 감수성을 지켜내요.

하지만 보라색 그녀의 그런 모습은 사람들에게 '변덕스러운 사람'으로 비칩니다. 언젠가 전 남자친구에게 저와 헤어진 이유를 들을 기회가 있었어요. 그런 건 평생 몰라도 될 뻔했지만, 이왕 들은 거니까 뼈가 되고 살이 되기를 바라는 마음으로 적어뒀었어요.

"말 나왔으니까 하는 말인데, 내가 왕이었다면 넌 황제였달까?"

"내가 뭘 많이 바랐어?"

"직접적으로 바란 건 없었지. 뭘 해달라는 말도 거의 안 하는 편이었고. 그런데 넌 곧잘 노선을 바꾸는 사람이잖아. 바뀌면 바뀌었다고 제때 알려나 주지. 어느 순간 보면 너 혼자 저쪽으로 가고 있더라? 문제는 내가 빠짐없이 '너의 길'을 따라가고 있더라고. 말하자면 내가 '너의 법'에 복종하고 있었던 거지. 나도 내 생각 내 취향 있는 놈인데, 병신 같잖아."

"그래서? 억울했어?"

"아니, 쓸쓸했지. 매번 뒤따라갔으니까."

"……."

"딴 놈 만날 땐 그 점 좀 유의해서 만나."

"그래 볼게."

 그의 그 말은 한동안 제 뒤통수를 따라다녔어요. 제 연애에는 정서적 일체감을 느끼는 지속시간이 극적일 정도로 짧았어요. 이를테면 영화를 볼 때 저는 '재밌다'에서 '슬프다'로 바뀌었는데 상대는 계속 '재밌다'에 머물러 있다면, 저는 지체 없이 공감대를 벗어나서 혼자 영화를 보는 것과 같은 상태에 돌입했어요. 조금 전에 함께 '재밌다'라고 느꼈던 지점에서 충분히 만족했기 때문에 딱히 불만은 없었어요. 그저 이제 정서적으로 다른 노선을 걷게 된 것뿐이라고 생각했어요. 둘이 붙어 있는 시간 내내 같은 걸 느낄 필요는 없다고 여겼던 거죠. 그 생각까지는 틀리지 않는데, 연인이라면 그렇게 생긴 정서적 균열을 메꾸려는 노력을 따로 들였어야 했어요. 그런데 제가 그걸 못 챙겼던 거예요.

 그래서, 전 남자친구의 조언을 새겨들은 결과로 다음 연애는 잘 풀렸냐고요? 글쎄, 그 다음번엔 저보다도 더 짙은 보랏빛을 가진 남자를 만나버렸어요. 솔직히 직접 겪어보니 미칠 노릇이더군요. '그렇게 자기 멋대로 살 거면서 연애는 왜 하는 거야? 도대체 나를 왜 만나는 거야?' 이런 생각으로 잠 못 이루었고요. 그렇게 부글부글하고 뾰로통한 얼굴로 지내다 보니 제가 점점 못생겨지는 거예요. 어느 날은 거울 속에 제 상태가 심각하다는 걸 인지하고 특단의 조치를 취했어요. 종이에다가 보라색 그놈에게 직격탄을 날려줄 말들을 신중하게 고르기 시작했어요. '너 이 자식, 네가 얼마나 그릇된 놈인지 내가 낱낱이 알려 주겠다.' 이런 심정이었어요. 속 시원하게 쏘아붙이고 헤어질 작정이었죠. 그런데요, 쓰다 보니 보라색 그놈을, 아니 저를, 아니 보라색 내면을 가진 모든 이들을 이해하게 됐어요.

보라색 그녀는요, 빨강과 파랑이 지나치게 짧은 파장으로 뒤바뀌는 내면을 가진 사람, 그리하여 늘 혼돈과 혼란 속에서 살아가는 사람, 언제나 미묘한 것에 관심을 기울이는 사람, 그러나 끝까지 딱 떨어지는 답을 모르는 채로 살아가는 사람, 그렇기 때문에 어떠한 경우에도 단정 짓지 않는 사람, 갈팡질팡하는 모든 이들에게 연민을 느끼는 사람, 저마다의 사정을 진정으로 이해하는 사람입니다. 간단히 정리하면 '변덕스러운 사람이자 모순을 이해하는 사람'입니다.

BBC의 존 오코너가 이런 말을 했어요. "모순을 이해하면 우리가 사랑하는 사람과 싫어하는 사람에 대한 사랑과 증오를 더 깊이 이해할 수 있게 될 겁니다." 맞아요. 확실히 모순을 진지하게 대하면 안 보였던 것들, 몰랐던 것들을 알게 돼요. 저도 그 덕분에 이번 이야기 〈보라색 분위기 미인, 강안나〉를 완성할 수 있었습니다. 나른하고 우아한 그녀의 이야기 시작하겠습니다.

보라색 분위기 미인,
강안나
(불빛 안曖, 옮길 나挪)

"열린 결말을 선택하겠습니다"

강안나의 일은 3개월이라는 계약 기간 동안 남의 인생을 짧고 굵게 대신 살아주는 것이다. 사람들은 그녀를 '자서전 대필 작가'라 불렀다. 재작년까지만 해도 강안나는 소설가가 되고자 했다. 세상에 많은 지망생들이 그러하듯 현실의 벽에 부딪히다가 도저히 못 해 먹겠다 싶었을 때, 아르바이트 삼아 이 일을 시작하게 됐다. 소설 쓰기와 비교하면 어떤 면에서는 편했고 어떤 면에서는 피로했다. 하지만 무엇보다 밥벌이가 되었다. 의뢰인들의 살림은 대부분 넉넉했다. 그들에게 중요한 건 가격이 아니었다. '자기 인생을 글로 쓰면 책 한 권'이라는 자부를 원했다. 자부의 속성이 높으면 높을수록 빛나는 까닭에, 문장에 자부심을 깃들이는 기술을 더해갈수록 '프로'라는 평을 받았다.

올해로 3년 차지만, 이 일을 전적으로 하는 사람이 드물다 보니 일은 끊이지 않았다. 의뢰인 한 명의 작업 기간은 보통 한 분기 정도인데, 그중 절반은 듣는 시간에 할애했다. 이때를 잘 보내지 않으면 나중에 소설을 써내야 했다. 왜인지는 모르겠으나, 의뢰인들 대부분이 했던 얘기를 하고 또 하려는 의지가 강했다. 자기 인생에서 몇 없었던 강렬한 순간을 단단히 박제하려는 듯, 마치 처음 하는 얘기인 양 뻔뻔하고 그윽한 눈으로 "내가 말 안 했죠?"라고 말하며.

그걸 있는 그대로 다 들어주는 아량은 심리상담사에게 필요한 자질이었다. 강안나는 최소한의 기승전결이 살아있는 한 권을 완성해야 하는 입장이었다. 가뜩이나 딱 맞아떨어지지 않아 덥수룩한 그들의 서사를 더듬으며, 뭘 줍고 뭘 흘려야 할지 부지런히 판단해 갔다. 그리고 자신의 판단에 의지해서 그들의 말을 잘랐다. 그 얘기는 이제 그만하실까요? 하는 뉘앙스로, "아, 그러셨구나." 하며 자연스러운 손길로 공책을 뒤적였다. 잠시 머쓱해진 그들은 "아! 이 얘긴 했었나?" 하면서 다른 쓸 만한 얘기를 들려주었다. 그러면 강안나는 기다렸다는 듯 부드럽게 눈 맞춤을 했다. 그렇게 밀고 당기는 작업은 꼭 필요했으나 피로한 일이었다.

수요일 늦은 저녁, 12번 실패 끝에 거국적인 기세로 자수성가를 이룬 68세 어느 중소기업인의 작업을 마무리했다. 「최최종(김만식님)」이라는 이름의 파일을 인쇄소에 넘긴 강안나는 암막 커튼을 단단히 쳤다. 19시간 동안 기절에 가까운 숙면을 취했다. 겨우 깨서 죽지 않을 정도만 밥을 한술 뜨고 다시 자기를 사흘 정도 반복했다. 오늘에서야 눈꺼풀을 뜨고 싶다는 충동이 올라왔다. 허리도 적당히 아팠다. 일어날 때가 된 것이다. 이제 강안나는 본격적으로 자신의 안식일을 즐겨볼 셈이었다.

_____ **첫인상**

그 남자는 영재였다. 세 살 때 한글을 떼고 네 살부터는 3개국 언어를 마른 종이에 번지는 잉크처럼 흡수했다고 했다. 흔한 사례는 아니지만 놀랄 만한 이야깃거리도 아니었다. 여느 동네마다 그런 신동 한둘쯤은 있었으니까. 언젠가 강안나는 그에게 공부가 언제까지 재밌었냐고 물은 적이 있었다. 그는 그런 질문은 처음 받아 본다며 웃었다. 그러고는 '생각해 본 적 없는데 잠시만' 하더니 아득히 추억을 더듬는 얼굴을 했다. 초등학교 5학년 때 담임이 대학 수능 시험 문제지를 구해 와서 풀어보자고 했더랬다. 판사가 될 건지 의사가 될 건지 미리 정해보자는 거였다. 그때 그는 알겠더라고 했다. 자기 미래는 그 둘 중 하나로 압축되었음을. 이후로 그는 재미와 궁금함, 기대감 같은 걸 모르는 채 자랐다. "그러니까 결론적으로 초등학교 5학년 때부터 재미없어졌네, 공부가." '결론적으로'는 그가 제일 많이 쓰는 말이었다.

두 사람이 처음 만난 애기는 살짝 복잡하다. 강안나는 작년 겨울 가수 겸 수필가 Y의 북 토크에 참석했다. 광화문 교보문고에서였다. 말하자면 그 또한 업무의 연장선이었다. 당시 작업하던 의뢰인은 꽃집 개업을 앞둔 중년 여성이었다. 그녀는 긴 세월 비서로 일했는데 오직 한 명의 상사만 모셨다. 그분을 너무 존경했다거나 처우가 몹시 좋았다거나 하지도 않았는데 지금 돌이켜보면 왜 그랬는지 모르겠다고 자조하다, 아무래도 습관이 돼서 그랬던 것 같다고 털어놨다. 문제는 그분의 보조자로 살아온 시간이 원체 길다 보니 자기감정을 드러내는 일에 장애를 겪게 됐다는 점이었다. 업무적인 때 말고 개인적으로는 눈물도 마르고 웃음도 사라졌다고 했다. 그러던 어느 날 Y의 노래를 듣는데 물처럼 맑은 눈물이 주르륵 흐르더라는 것이다. 강안나는 그 이야기를 주의 깊게 듣다가 그녀의 인생 서사에서 Y가 매우 중요한 인물임을 감지했다.

한 사람의 인생을 압축적으로 풀어내는 일을 하다가 알게 된 건데, 많은 사람이 끈끈한 관계에서 상처 받고 느슨한 관계를 통해 회복하는 과정을 그리는 것 같았다. 그 현상은 어딘가 슬픈 면이 있지만 꽤 유용한 것 같다고, 강안나는 생각했다. 아무튼 이번 작업을 밀도 있게 완성하기 위해선 Y의 감성을 이해할 필요가 있었다. 때마침 Y의 신간 소식이 들렸고, 주저 없이 그 자리에 갔다. 평일 저녁이었고 저녁 식사는 하지 않은 채였다. 공격적으로 글을 완성해야 하는 때에, 강안나는 자주 공복 상태였다. 섬세한 표현을 기민하게 쭉쭉 뽑아내는 데 그만한 특효약이 없다는 걸 경험으로 체득했기 때문이다. 대신 글쓰기 외에 다른 행동거지도 함께 날카로워졌다. 열흘쯤 배를 곯은 고양이처럼 뭐? 왜? 어쩌라고? 등으로 함축되는 몸짓을 하고서였다. 그러니까 그날은 그러던 와중의 외출이었다. 강안나의 자리 왼쪽에 연인으로 보이는 남자와 여자가 앉았다. 그 남자가 영재였다.

Y는 원체 말주변이 없다고 했다. 그래서 본인의 생각을 가사와 글로 표현했는데, 북토크를 하면서 다시 말로 설명해야 하다니! Y는 양어깨를 으쓱하며 멋쩍게 웃어 보였다. 그러고는 몇 마디 하지 않고 계속 기타를 치고 노래를 불렀다. 이번 앨범에 수록된 자작곡, Y를 띄워 준 히트곡, 타 가수의 인기곡을 레퍼토리에 맞게 섞어서 불렀다. 어느새 공기가 훈훈해졌다. 오늘만큼은 서점에서 떠들면 안 된다는 통속을 슬쩍 밀어두어도 될 것 같았다. 몇몇 청중들이 기분 좋은 봄바람에 몸을 맡기듯 흥얼거렸다.

영재는 자신의 몸이 자꾸 왼쪽으로 기울어짐을 느꼈다. 은근하고 교묘하게 귓전을 파고드는 음색이었다. 너무 작게 부르는 통에 답답하고 간질간질했다. 왼쪽 귓가에 촉이 곤두섰다. 그 목소리의 주인은 강안나였다. 어떻게 생긴 여자인지 궁금했다. 하지만 오른쪽에 여자 친구를 둔 처지였다. 영재는 일부러 정면만 응시했다. 모두 다 함께 평일 저녁 뜻밖에 찾아온 나른함에 흐느적거리는 동안, 홀로 동상처럼 빳빳하게 허리를 곤추세우고 앉아 있었다.

"잠시 쉬는 시간을 가지겠습니다. 40분부터 다시 시작할 예정이오니, 시간에 맞춰 착석을 부탁드립니다. 음료 리필은 저쪽에서 진행 요원들이 도와드립니다. 그리고 서점 내 화장실이 협소한 관계로 지하 1층 화장실을 이용하시면 편리합니다. 감사합니다." 진행자의 설명이 끝나자 영재 옆의 두 여자가 몸을 일으켰다. 순간적으로 이는 바람에 영재가 재채기를 했다. 에취! 손으로 입을 가릴 겨를이 없었다. 침이 사방에 튀었다. 다시 한번 에취! 이번엔 의자에 붙어 있던 엉덩이가 살짝 떨어졌다가 다시 붙을 정도로 강력했다. 침이 사납게 요동치며 제법 멀리까지 날아갔다. 등줄기에 땀이 삐질 났다. 여자 친구가 영재의 등을 쓸어줬고, 영재는 허공에 대고 "죄송합니다."했다. 그때 강안나가 딱딱하게 "네."했다. 그제야 영재는 공식적인 시선으로 강안나를 바라보았다.

　영재는 무의식적으로 그랬다. '전형적인 미인과는 아니네.' 하고. 그러나 눈빛이 남달랐다. 예리한 눈이었다. 은밀한 폐부까지 단숨에 읽어낼 것 같은 두려움을 부르는 눈이었다. 그 눈을 바라보던 영재의 눈 밑이 어두워졌다. 좀 전에 제가 한 생각에 찔려하며 잠간 주춤댔다. 영재는 핸드폰으로 눈길을 돌렸고 두 여자는 화장실로 향했다. 인기척이 멀어지자 영재가 고개를 들었다. 그새 여자 친구는 사라지고 없었다. 강안나는 기둥을 돌고 있었다. 저 여자의 걷는 모양이 낯설지 않았다. 잠시 후 영재는 "아" 하며 바보 도 터지는 소리를 냈다. 독 선배가 저렇게 걸었다.

　'인생 혼자 산다고' 독고다이의 '독'을 따서 독 선배라 불리던 선배였다. 사시사철 중절모자를 쓰고 다녀서 얼굴 생김과 상관없이 나이 들어 보였다. 그런데 어릴 땐 그게 또 멋이기도 했다. 독 선배는 언제나 가벼운 옷차림을 고수했다. 독 선배가 움직일 때마다 옷감 너머로 등판과 팔다리 라인이 드러났다가 사라졌다. 독 선배는 날씨가 추워져도 목에만 두꺼운 머플러를 칭칭 감고 다닐 뿐, 아래쪽의 멋은 고집스럽게 지키는 편이었다. 독 선배는 매사에 관심이 없어 보였다. 본인은 오른 어깨에 부적처럼 걸치고 다니던 천 가방 하나면 된다는 식으로 학과 행사에도, 동아리 활동에도, 조별 과제에도 대충대충 임했다. 인생 철학이 인생무상인가 보다 했는데, 나중에 보니 맹수 같은 남자였다. 원하는 게 생기면 파워풀해지는 타입이었다. 그렇게까지 꼬라박은 학점으로는 불가능한 일을 해냈다. 오스트리아 의대 교환학생으로 선정된 것이다. 그뿐만 아니었다. 그해에 『대학 내일』 표지모델이 영재네 학교에서 나오는 바람에 학교가 한바탕 뒤집혔다. 표지모델은 말 걸면 안 될 것 같은 위엄을 풍기며 학식을 먹고 수업을 들었다.

어느 날 영재는 독 선배가 표지모델에게 말 거는 걸 보았다. 도서관이었다. 사방은 조용했고 모두가 침착했다. 돌연 모자를 벗은 독 선배가 나타났다. 아는 이들은 알 테고 모르는 이들은 모를 테지만, 그 모습 자체가 눈길을 끌었다. 특유의 노곤노곤한 걸음으로 표지모델에게 다가갔다. 마치 "지금 몇 시예요?" 하듯 가볍게 물었다. "시간 있어요?" 하고. 그 허무한 고백은 지켜보는 이들의 실소를 자아냈다. 학교에서 아니, 이번 달만큼은 전국에서 제일 예쁜 여자, 무려 표지모델인데, 예끼 이 사람아 농담이 심하시네, 하는 우려 섞인 비웃음이었다. 그러나 그다음 장면은 놀라웠다. 표지모델이 최면에 걸린 것처럼 순순히 가방을 챙겨서 독 선배를 따라나서는 것이 아닌가. 관중들은 어리둥절해하다가 금방 환호했다. 그것은 일종의 간접 체험이었다. '저렇게도 가능하구나' 하는 새로운 가능성을 본 것이다. 영재의 팔뚝에도 옅게 쾌감이 스쳤던 기억이 생생하다.

그러니까 그 독 선배의 걸음을 영재는 지금 강안나의 뒷모습에서 보았다. 시간이 촉박한 상황에서 우르르 화장실로 몰려가는 와중에도 강안나는 과속하지 않았다. 제 속도대로 잠방잠방 걸었다. 그것이 영재가 본 강안나의 첫인상이었다.

_____ **재회**

초봄이었다. 여전히 겨울이라고 느껴지던 때였다. 마감일을 일주일 남기고서였다. 이번 의뢰인은 20대 후반 남성으로 강안나와 동갑이었다. '저는 1월생, 빠른 90년'이라고 언질을 주었는데 자꾸만 반말을 했다. 자기 딴에는 친근감의 표현이라는데, 강안나는 묘하게 기분이 언짢았다. 말이 짧아서가 아니라 말투 때문이었을 것이다. 그는 있는 집 자식답게, 돈으로 살 수 없는 것을 돈 주고 사는 일의 쾌감을 알았다. 결국 그 자식이 원한 건 자서전이 아니라 한 계절 우쭐거릴 대상이었다. 더럽다고 때려치우면 그게 바로 지는 거라며 단단히 버텼는데, 몸이 한계에 다다랐는지 눈의 실핏줄이 여럿 터졌다. 강안나는 이왕이면 잘한다는 안과를 찾았다. 그곳의 전문의 중 한 명이 영재였다.

'공장형 안과'의 금요일 늦은 오후. 오전에는 라식 수술 세 건을 몰아서 집도하고 오후부터는 한 시간에 6~8명의 환자를 봤다. 이번 환자와 다음 환자 사이에는 단 10초도 허락되지 않았다. 연봉 8천은 괜히 주는 게 아니었다. "강안나 님, 3번 진료실 들어가세요." 영재가 안경을 한번 닦아 쓰고 싶다고 생각하던 차에 강안나가 진료실 문을 열고 들어왔다. 영재가 움찔 놀라며 외쳤다. "그 여자다!" 속말이 아니라 입 밖으로 한 것이다. 다행히 아무도 못 알아들었다. 안경을 닦아 둘 걸 그랬다. 약간 뿌옇게 보였다. 영재의 미간이 어두워졌다. 그의 피로를 익히 아는 간호사가 거드는 심정으로 먼저 강안나에게 말을 건넸다. "환자분, 어디가 어떻게 불편하세요?"

"네, 여기 오른쪽 눈에 실핏줄이 터졌어요. 또, 눈 속에 모래알이 굴러다니는 것 같은 느낌도 있고요." 그날 자기 왼편에서 감질나게 옹알거리던 그 목소리였다. 그날 자기가 침 튀겨서 죄송하다 했을 때 '괜찮아요' 말고 '네' 했던 그 목소리였다. 홀로 당황한 영재가 쿵쿵, 헛기침을 하며 얼른 모니터로 시선을 감췄다. 영재는 그때 만나던 여자 친구와는 헤어진 상태였다. 이별의 이유가 강안나 때문은 아니었지만.

강안나는 일주일 간격으로 병원을 찾았고 5분 정도를 머물렀다. 좀 어떠냐는 물음과 좀 나아졌다는 대답을 주거니 받거니 하면서 짧은 눈 맞춤을 했다. 강안나가 가고 나면 영재는 생각이 많아졌다. 제일 많이 하는 생각은 '저 여자도 우리가 광화문에서 만난 걸 기억하고 있는 걸까?'였다. 영재는 그걸 '만남'이라고 여겼고 이미 '우리'라고 묶어 버렸다. 그렇다고 해도 뭘 어떻게 할 수 있는 건 없었다. 그다음 진료가 시작되었을 때도 "강안나 님, 좀 어떠세요?" 할 뿐이었다. 눈은 또 마주쳤다. 그 순간 강안나가 윗니를 환하게 드러내고 웃는 것이 아닌가. '왜? 왜 갑자기 웃는 거지?' 그 의문과 함께 영재의 뇌가 멈춰버렸다. 그 웃음이 무엇을 말하는 건지 미친 듯이 궁금해졌다. 풀지 못하는 문제 앞에서 늘 대담한 태도를 취해왔듯이, 이번에도 정면 돌파를 해보자고 마음먹었다.

"강안나 님, 시간 있어요?" 영재는 눈 딱 감고 질러 버렸다. 뭐라고요? 하는 얼굴로 영재를 빤히 바라본 건, 그 방에 함께 있던 간호사였다. 강안나가 살짝 사선으로 비켜 앉으며 속삭이듯 말했다. "곱창 좋아하세요?" 영재가 비집고 나오는 웃음을 삼키며 검지로 창문 너머를 짚었다. "요 앞 사거리에 맛있는 곱창집 있어요. 7시까지 기다릴 수 있어요?" 당연하지 게임을 하는 예능인들처럼 둘은 '당연하지' 하는 눈빛을 주고받으며 진료를 마무리했다.

_____ 데이트

#곱창집, 금요일, 저녁 7시경

　영재　*(입구에 들어서서, 두리번두리번)*

　안나　*(물수건에 손을 닦고 있던, 영재를 발견하고, 손을 방긋 드는)*

　영재　*(다급히, 빠른 걸음으로 다가가서)* 아까는 좀 당황하셨죠?

　안나　*(분명히 부정하며)* 당황은요. *(작게 웃고)* 난 고마웠죠. 큰 용기 내셨잖아요. 직장인데.

영재 *(뭘 좀 아는 여자네, 하는 얼굴로)* 그건 그렇습니다. *(인정받은 자의 자신만만한 태도로)* 여기 황소곱창이 좋습니다. 술은 뭘로 할까요?

안나 소맥 어때요?

영재 *(활기차게)* 여기 황소로 2인분이랑 소주 하나, 맥주 하나요!

술이 오르기 시작하면서 둘은 좀 전보다 많이 웃게 됐다. 웃는 얼굴이 어떻게 저래, 영재가 작게 감탄하며 건배를 제안했다. 소주 한 잔이 위장을 빠르게 훑고 지나가자 강안나의 얼굴이 줌-인zoom-in 되어 보였다. 강안나는 공기 저항을 감지해 가며 서서히 펼쳐지는 낙하산처럼 '천천히 그리고 끝까지' 입을 귀에 걸었다. 마침내 강안나의 입꼬리가 활짝 펼쳐졌을 땐 왠지 모르게 '휴' 하는 안도가 몰려왔다. 간신히 입 근처에 고정되었던 시선을 거두어 눈을 바라볼 수 있게 되었는데, 강안나의 눈빛에서 온기가 느껴졌다. "하하." 괜히 쑥스러워진 영재가 어색한 웃음소리를 냈다.

#2차 호프집, 같은 날, 밤 10시경

영재 좀 뻔하긴 한데, 궁금한 거 있어요.

안나 뭐가 궁금한지 나도 궁금하네. 뭔데요?

영재 어떤 스타일 좋아해요? 남자!

안나 난 섹시한 남자 좋아해요.

영재 어떤 남자가 섹시한 남자예요? 안나 씨한텐?

안나 어떤 압도적인 느낌이 있으면서, 선을 지킬 줄 아는, 말하자면 팽팽함이 느껴지는 남자요.

영재 역시 어려울 줄 알았어. 여자들은 너무 어려워요.

안나 서로 다르니까 어려운 거고, 어려우니까 관심이 기울고, 관심을 기울이는 딱 그만큼 서서히 익어가니까, 그 맛에 연애하는 거죠.

영재 그럼 편안한 관계가 좋아요, 긴장감 있는 관계가 좋아요?

안나 개인적으로, 그렇게 답이 1번 아니면 2번인 질문하는 건 별로 안 섹시하더라고요.

영재 아*(작게 탄식하며)*! 무슨 시험 보는 기분이긴 한데, 제가 원래 시험 체질이라서요. 하하. 그럼 질문을 바꿔볼까요? 안나 씨의 연애 스타일은? 1번, 평양냉면같이 슴슴한 맛이 나는. 2번, 불닭 볶음면같이 화끈한 맛이 나는.

안나 오, 훨씬 낫네요. 그렇지만 이번에도 둘 중의 하나는 곤란해요. 그러니까 영재 씨 질문의 의도는 연애할 때 '밀당 이론을 지지하는 쪽이냐', '그런 거 쓸데없다 생각하냐'는 거죠?

영재 그렇죠!

안나 결론부터 말하면, 밀당은 절대적으로 필요하죠. 내가 저질 체력이라 그런진 몰라도, 기본적인 내 생각은 '인간이 쓸 수 있는 에너지는 매일 요만큼씩 배급된다' 예요. 물론 어떤 날은 내일이랑 모레 것까지 몰아서 쓸 수도 있겠지만, 그건 말 그대로 어떨 때 한 번씩이지, 몇 달씩 몇 년씩 그러면 반드시 탈이 난다고요. 그러니까 생존을 위해서라도 밀당을 어느 정도는 하는 게 더 건강하다는 입장이고요. 개인적으로는 쩨쩨하게 나눠서 주는 애정보다 한 번에 팍! 몰아서 제대로 주는 애정에 감화되는 편. 이건 뭐, 바람직하다고 우기긴 그렇고, 내가 그렇게 생겨 먹어서 어쩔 수가 없어요. 난 확실히 그 편이 끌려.

영재 *(맥주를 꿀꺽꿀꺽 들이키며)* 대단히 정확히 아시네요. 본인에 대해서.

안나 *('흥' 하는 표정으로)* 그렇다기보다는 제가 워낙 변덕쟁이라서, 이렇게라도 내가 날 알아주지 않으면 혼돈 그 자체예요. 아마 모르긴 몰라도 태어날 때부터 변덕이 있었을 거예요. 왜 그 노래 있잖아요? 엄마들이 아기들 놀릴 때 부르는 노래. 울다가 웃으면 얼레리 꼴레리 하는 노래. 난 아직도 그 노래가 아기 시점으로 들려요. 그 아기가 왜 갑자기 울다가 우는지 알 것 같아. 아기에게 어떤 환경 변화가 감지된 거예요. 이유 없이 그럴 리가 없어요. 그렇지만 3인칭 시점인 엄마 입장에선 변덕스러운 아기로 보일 수 있죠. 그럼 영재 씨는 어릴 때 어땠어요? 잘 울지도 않고 때가 되면 분유 먹이면 되고, 또 때가 되면 기저귀 갈아주면 되는 딱딱 떨어지는 스타일?

영재 *(생각에 잠기는)* 와, 그런 걸 그렇게까지 생각해 본 적 없는데, 난 어땠을까요?

안나 글쎄…… 상상을 해보자면*(요리조리 살펴보다가 살짝 웃으며)* 귀여웠겠지!

영재 *(쑥스러운 듯)* 하하. 아무래도? 그땐 아기였으니까!

둘은 연인이 되었다. 평일 저녁에 속 편한 밥집을 찾아다니고 주말에 모자를 쓰고 교외 나들이를 했다. 조조나 심야 영화를 보고 나오는 길에는 애인의 스타일을 훔쳐보고 은근히 뿌듯해했다. 플레이리스트를 나누고 책을 바꿔 보다가 의외의 지점에서 반하거나 실망했다. 자주 볼 때도 있었고 그렇지 못할 때도 있었다. 못 볼 때도 '볼 수도 있는 애인'이 있다는 건 일상을 한결 생기 있게 했다. 여름에 접어들 무렵에는 영재네 집에서 간단한 요리를 해 먹고 웃고 마주 보고 체온을 나누고 낮잠을 잤다. 어느 순간 그 집에 강안나의 칫솔이 생겼고, 영재는 강안나가 자고 가길 바랐다. 하지만 강안나는 항상 "이제 갈까?" 묻고는 툭툭 털고 일어나서 가방과 옷가지를 챙겨서 갔다.

영재는 퇴근 후 거실에서 위스키를 마시며 결혼한 미래를 그려봤다. 영재가 그리는 결혼은 안정과 다정이었다. 그러나 확신할 수 없어서 때때로 기혼자들에게 묻곤 했다. 결혼해 보니 어떠냐고. 몇몇은 기다렸다는 듯이 배우자의 치부를 드러냈는데, 그건 당사자들 간의 문제이므로 영재의 귀에 잘 들어오지 않았다. 또 몇몇은 자기가 바란 인생은 이런 게 아니었다고 슬퍼했는데 그들은 술만 마시면 다른 문제도 그렇게 말하는 부류였다. 정작 금실이 좋다고 소문이 난 이들은 실제로 만나 이야기를 나눌 기회가 없었다. 영재가 끝까지 답을 찾고 싶어 목말라하면, 그들은 술에 취해 테이블에 몸을 기댄 채 오묘한 얼굴로 이렇게 말했다. "해 봐."

다음 날 저녁. 둘은 맛집으로 정평이 난 돼지불고기 백반집에서 식사를 했다. 옆 테이블에서 마시는 술이 달아 보였지만 내일은 일주일 중 가장 바쁜 금요일이라서 참았다. 간단히 차나 한잔하자며 옆 골목으로 자리를 옮겼다. "마시던 걸로?" 강안나가 물었고 영재는 고개를 끄덕였다. 먼저 자리를 잡고 앉은 영재가 주문을 하는 강안나를 물끄러미 바라봤다.

강안나 주변에 신선하고 고요한 빛이 머물러 앉았다. 저러하듯 청정한 분위기는 영재로 하여금 한 발 더 가까이 다가가고 싶은 도전 욕구를 불러일으켰다. 계속해서 일정 거리를 유지하고 약간은 남처럼 대하는 게 강안나의 방식이었다. 사귀는 사이인데 개인사를 당연한 듯 알려주지 않았고 일상다반사를 맡겨 놓은 듯 묻지 않는 식이었다. 그 기류는 미세한 긴장을 불러왔다. 질리지 않아 좋기도 했지만 답답해서 짜증이 났다. 영재는 결론이 중요했고 오늘은 좀 그래도 될 것 같다는 생각이 들었다. 자리로 온 강안나가 쟁반을 내려놓았다. 영재가 빨대로 아이스 아메리카노를 쪽 빨아 마셨다. "우리 결혼할래?" 핸드백에 지갑을 집어넣던 강안나가 몸을 돌렸다. "아니." 아니, 1초의 망설임도 없이? 영재가 분해하며 물었다. "왜?"

영재 뭘 그렇게까지 끔찍해해?

안나 내가? 그랬나?

영재 결혼이 싫은 거야? 나랑 결혼하기가 싫은 거야?

안나 오, 꽤 유치한데?

영재 나 지금 장난칠 기분 아닌데?

안나 *(똑바로 응시하며)* 응. 그럼 말해 봐.

영재 결혼하고 싶어. 너랑.

안나 싫어, 난.

영재 왜?

안나 자기, 이석원 작가님 알아?

영재 누구?

안나 모르는구나. 있어. 좀 천재 같은 분!

영재 *(기막혀하는)*

안나 그분의 어떤 문장 앞에서 내가 심장이 쿵− 내려앉은 적이 있었거든?

영재 *(뭔 얘길 하려고? 하는 표정으로 잠자코 아메리카노 한 모금 마시는)*

안나 그게 뭐였냐면 '결정되지 않은 삶'이야. 작가님은 그렇게 살기 위해 노력하겠대.

영재 *(살짝 툴툴대며)* 그게 뭐 하는 삶인데?

안나 말 그대로 결정되지 않은 채로 살아가는 거지. 너무 빨리 결정해 버리면 그때부터 설렘이나 기대 같은 것도 죄다 사라질 텐데…… 앞으로 남은 인생 내가 어떻게 살아갈지가 눈에 선하게 다 보이는 거 좀 가혹한 일이지 않아?

영재 그러니까 네 말은 '결혼은 족쇄다' 이거야?

안나 어. 비슷해. '죽을 때까지'를 기약하는 결정은 하고 싶지 않아.

영재는 그 작가라는 양반이 누군지 참 마음에 안 들었지만 그 말이 틀렸다고 할 수도 없어서 "그래, 나도 좀 생각해볼게" 하며 주제를 딴 데로 돌렸다. 이런저런 일상적인 수다를 떨다가 영재가 먼저 일어나자 했을 때 강안나가 치즈케이크를 하나 포장해 가겠다고 했다. 1시간 전과 같은 자세로 계산대에 선 강안나의 뒷모습을 물끄러미 바라보고 있자니, 영재의 머릿속에서 복잡함이 번져갔다. 본능적으로는 상처받을 수 있으니 어서 저 여자에게서 달아나라는 방어기제가 발동됐고, 어차피 죽을 목숨이니 대충 살자는 것과 어차피 헤어질 사이니까 시간 낭비 말라는 것이 뭐가 다를까 하는 존재론적 회의감에 이르러, '그럼 나는 왜 결혼하려고 하는가?', '의사 가운을 벗는 날이 온다면 뭘 하고 싶은가?'라는 질문에 도달했다.

잠시 영재는 멀미 나는 사람의 얼굴이 되었지만, 그렇다고 그 질문을 뭉개버리면 안 될 것 같았다. 그 질문을 품고 있는 것만으로도 '유연한 자세'가 몸에 익을 것 같았다. 저기서 웃으며 케이크 상자를 달랑거리는 강안나처럼.

■ 나는 모순적이다. 그 때문에 항상 이것과 저것의 경계선에 서 있는 불안을 느끼지만, 덕분에 완전하게 결정되지 않은 상태에서 좀 더 나아지길 바랄 수 있어서 좋다. 현실에 발을 디딘 채로, 하늘을 우러러보며 나아가는 느낌. 나는 그런 느낌을 참 좋아한다. 가끔 힘들면 눈을 감고 시간 여행을 하거나 상상의 세계에 접속하기도 하는데, 그 과정에서 문득 떠오른 아이디어들도 참 좋아한다. 눈 감는 날까지 이렇게 좋은 감각들을 지닌 채 살고 싶다.

오묘함

어느 날 서점에 들렀다가 그 자리에서 후루룩 다 넘겨 보며 설레었던 책이 있어요. 책 제목이 『보랏빛 소가 온다』인데요, 제목이 이러한 이유에 대해 저자가 설명하기를, 가족들과 프랑스 여행 중에 창밖으로 우르르 지나가는 소 떼를 보게 되었는데 처음엔 '우와' 하는 감탄이 절로 터졌지만 금방 지루해지더라는 거죠. 그런데 그 순간 '만약 저기에 보랏빛 소가 한 마리 있었다면 어땠을까'를 상상해 보니 매우 흥미로웠다며, 더 잘생긴 소, 더 튼튼한 소가 아니라 '보랏빛 소'라는 차별화 개념을 적용하면 탁월한 존재가 될 수 있다고 강조했어요. 같은 이치로 더 멋진 사람, 더 똑똑한 사람들 틈에서 '독특함'이라는 무기로 매력을 발산하는 사람, 그녀가 바로 보라색 분위기 미인입니다.

보라색 그녀에게는 나른함과 긴장감이 동시에 감도는, 그런 오묘한 분위기가 있어요. 이를테면 목소리는 조곤조곤한데 눈빛은 한 곳을 뚫어지게 응시한다든가, 흐트러진 자세로 앉아있으면서 손짓에는 힘이 느껴진다든가 하는 식이죠. 그러한 자세는 보라색 그녀 삶 전반에 걸쳐 나타나는데, 정치 성향에 비유하자면 이쪽도 아니고 저쪽도 아닌데, 그렇다고 어정쩡한 쪽도 아니어서, 아무도 밟아보지 않은 땅에 뿌리를 내리고 우뚝 선 사람 같은 느낌을 줍니다. 그 느낌을 받은 어떤 사람이 보라색 그녀에게 빠져드는 과정은 간단합니다. 궁금하니까 자꾸 생각하게 되고, 생각하다 보니까 호감이 싹트고, 좋아지고 보니까 이해하고 싶어 지고, 이해하게 되니까 변호하고 싶어지는 겁니다. 사실 그때부터는 합리적인 이유 같은 건 의미가 없어집니다. 이미 사랑하고 있으니까요.

향상심을 가진
연인

보통의 보라색 그녀라면 짧은 연애를 반복할 겁니다. 관계를 맺고 끊는 데 있어서 중요한 기준이 되는 게 설렘이니까요. 사람이 무슨 물건도 아닌데 설레지 않으면 버리겠다는 것이냐? 하는 비난이 있을 수 있어요. 그렇지만 저마다 소중히 여기는 감정이 다 다를 텐데 대신 살아줄 게 아니라면 각자가 감당할 일이겠지요. 이때 보라색 그녀가 감당하는 것이 만만치는 않은데요, 가벼운 여자라는 시선, 누구와도 완전히 포개어지지 못하는 데서 오는 슬픔, 숱하게 찾아오는 공허감 같은 것들이에요.

한동안 그런 시절을 보낸 보라색 그녀는 설렘을 다른 각도로 바라보고자 노력합니다. 그리고 몇 가지를 알게 되죠. 우선 설렘을 두 종류로 구분할 수 있다는 것. 그것에 이름을 붙이자면 '불꽃 설렘' 그리고 '촛불 설렘'이라는 것. 불꽃 설렘은 요란하게 작렬하는 만큼 희열도 크지만 어마어마한 후폭풍을 감당해야 한다는 것. 촛불 설렘은 희미하게 일렁이는 수준으로 타오르지만 이후에 남는 공허감도 미미하다는 것. 지나고 보니 불꽃 설렘의 쾌감 없이도 사는데 별탈이 없더라는 것. 그러나 촛불 설렘이 사라지면 3일 이내 우울감이 찾아온다는 것까지요. 그렇다면 보라색 그녀는 어떤 때에 촛불 설렘을 느낄까요? 무엇이 됐든 전보다 나아졌을 때와 그럴 수 있을 것이라는 기대가 있을 때 촛불 설렘을 느껴요.

그걸 한 단어로 말하면 '향상심향상되고자 하는 마음'인데요, 여기까지 생각이 정리되면 보라색 그녀의 얼굴에 담백한 미소가 감돕니다. 그러니까 이 남자와 연애를 할 것인가, 말 것인가를 결정하는 기준은 딱 하나, 향상심이 드는 사람인가 하는 겁니다. 당신과 내가 함께함으로써 더 나아질 게 있을까요? 그게 뭘까요?

문제는 향상심이란 게, 여전히 부족하다는 결핍을 느낌으로써 채워지는 마음이니까, 상대에게 충만감을 느끼기가 쉽지 않아요. 쉽게 만족을 못한다는 겁니다. 이때에도 보라색 그녀는 3가지를 확인합니다.

첫째, 비교하고 있는가. 과거의 연인 혹은 직접 겪어보지 않아서 어느 정도의 환상이 섞인 미지의 남자와 비교하고 있지 않은지를 확인합니다. 만약 그렇다면 자기 마음을 찰싹찰싹 때리는 심정으로 스스로에게 정신 차리라고 경고를 줘요.

둘째, 편하기를 바라는가. 더 나아지려는 마음과 지금 이대로 좋다는 마음은 엄연히 다르거늘, 더 나아지기를 바라면서 편하기까지 바라면 그것은 욕심이겠지요. 약간의 불편함을 감수해야 향상심이 채워진다는 걸 계속 기억해야 해요.

셋째, 재촉하고 있는가. 어느새 상대에게 '빨리빨리'를 요구하고 있는 자신을 발견하면 '아차' 하며 멈춥니다. 절로 우러나지 않았는데 재촉에 못 이겨하는 일은 결국 망하게 되어 있으니까요.

이렇게까지 자기 마음을 돌아봤는데도 끝끝내 향상심이 채워지지 않으면 보라색 그녀는 연애를 마무리 짓습니다. 솔직한 심정을 고백하는 자리를 마련해서 "세이 굿바이." '내가 없는 당신의 내일도 행복하길 바라요.'라는 마음으로 말이죠.

■ 보라색 그녀를 사랑한다면

첫째, '그녀 같은 사람은 처음'이라는 생경한 느낌이 있을 거예요. 정상입니다.

둘째, 그녀는 언제나 아름다운 것들에게 매혹됩니다. 당신은 아름다운 사람입니까?

셋째, 그녀는 무지하게 예민하고 복잡한 사람입니다. 그에 따르는 반작용으로 깔끔한 정리와 담백한 결론을 좋아합니다. 그러니 함께 정리하고 결론짓는 시간을 자주 만들어 보세요.

넷째, 그녀가 주는 최고의 선물, 따끈따끈하고 나른한 어느 봄날 오후에 깜빡 빠져든 낮잠과 같은 무엇.

다섯째, 그녀와 멀어지고 있다고 느끼면 가까워지려고 애쓰지 말고 더욱더 멀어져 보세요. 그 결과는 둘 중 하나겠지요. 완전히 새롭게 시작하거나 끝나거나.

열린 결말을
선택하겠습니다

오래전에 보라색은 왕족의 색이었대요. 귀족들에게 보라색 사용이 허가된 것이 17세기 이후고, 보라색이 대중에게까지 보편화된 건 19세기 이후라고 합니다. 이는 당시에 보라색 염료가 비쌌기 때문이기도 하지만, 보라색이 가지는 신비로운 분위기가 자신들의 권위를 지켜줄 거라는 종교적인 믿음 때문이기도 했어요. 그로부터 많은 세월이 흐른 2018년에는 미국 색채 전문 기업인 팬톤이 그해의 색으로 보라색을 꼽고, 무한한 우주의 신비와 창의적 영감을 일깨워주는 색이라는 별명을 덧붙였는데요. 그렇다면 사람들은 왜 보라색에 '신비롭다'는 인상을 받을까요? 그 답은 아마도 보라색이 가시광선 중 가장 짧은 파장을 가졌다는 것, 그리고 보라색이 빨강과 파랑의 혼합색이라는 것 이 두 가지 사실에서 찾을 수 있지 않을까 해요. 그러니까 보라색의 저변에는 저글링을 하듯 빨강과 파랑이 정신없이 돌아가고 있는 셈인데, 온도가 극명하게 차이 나는 두 가지 색깔이 어떤 합의에 이르려면 예민한 감수성이 요구됩니다.

보라색 그녀의 내면에도 매 순간 이 같은 현상이 발생하고 있어요. 겉으론 고요해 보이지만 내면에는 엄청난 불안을 끌어안고 사는 거죠. 이 상황에서 무너지지 않고 살아남으려면 어떤 정신이 필요할까요? 거기에 대한 해답은 '낙관주의'에 있습니다.

보라색 그녀는 수시로 잘될 거라는 주문을 외우며 스스로를 토닥거려줘요. 하지만 아무래도 그것만으로는 근본적인 해결이 어렵겠죠? 잠시 잠깐 위로가 되었지만 어느새 또다시 불안해지니까요. 그러니까 현실을 살아가는 보라색 그녀에게는 '낙관주의 + 알파(α)'가 필요한데, 그 알파의 정체는 보라색 그녀의 혼잣말에서 찾아볼 수 있어요.

A '불안함'의 반대말은 뭘까?

B 그건 안정감이지. 안정적이면 좋을까?

A 뭐든 일방적인 건 없지. 좋기만 하겠어?

B 그렇지. 그럼 안정감의 나쁜 건 뭐지?

A 그거야 뭐……. 좀 권태롭지 않겠어?

B 맞네. 그럼 불안함의 좋은 건 뭔데?

A 불안해서 좋은 건 없는 것 같고, 설렘이 불안을 동반하는 것 같긴 하다.

B 그거네. 그럼 난 안정적이면서 권태로운 삶보단 '불안하더라도 설레는 삶 (=α)' 그거 할래.

A 뭐 꼭 그렇게 세트로 묶을 것까지야.

B 말하자면 그렇다는 거지.

A 나처럼 모호한 인간에게 가끔 이런 식의 이분법이 도움이 될 때가 있지. 지금이 딱 그래.

B 그래! 맘이 편해졌다면 다행.

A 편해진 정도가 아니라 무척 기쁜데?

B 좋아! 앞으로의 날들에 예상치 못한 순간을 기대하며, 잘 자!

보라색 그녀는 일생 '정확한 사람'과 '정확한 사안'을 동경하지만, 실질적으로는 제때 제대로 정확해 본 일이 없습니다. 때로는 폭넓게, 또 다른 때에는 폭 좁게 '왔다 갔다' 하는 상태예요. 그것은 상당히 피곤한 일이라서 이러한 기질을 물려주신 부모님을 원망하기도 하고, 신이 있다면 운명을 좀 바꿔 달라고 요청하기도 했습니다만, 역시나 사람은 고쳐서 쓰는 게 아니지요.

그리하여 결말을 열어둔 채로 살아가는 사람, '더 나은 방향'을 발견하면 무리에서 벗어나기를 망설이지 않는 사람, 다음 정거장이 어딘지 알 수는 없지만 분명 아름다운 곳임은 확신하는 사람, 결국 아무도 몰랐던 아름다운 세계에 가장 먼저 깃발을 꽂는 사람. **보라색 분위기 미인**입니다.

제7장

순수하고 엉뚱한, 분홍색 분위기 미인

캐릭터 소개

송유리

그녀의 소신 "도움과 기쁨이 되고 싶습니다"

분홍은 양육과 돌봄, 따뜻한 사랑을 표현하는 색이다. 분홍으로 표현되는 사랑은 신체를 자극하는 빨강이 연상시키는 사랑과는 많이 다르다. 하지만 분홍으로 표현되는 사랑이 소녀와 여성들의 전유물만은 아니다. 따뜻한 사랑은 여자아이들뿐 아니라 남자아이들을 위한 것이기도 하며, 남성과 여성 모두가 쉽게 표현할 수 있는 감정이다. 포옹을 단 하나의 색으로 나타낸다면 그 색은 분홍일 것이다. 반면 육체적인 측면에서는 어딘가 부족하고, 연약하고, 힘없는 느낌으로 보일 수 있다.

— 책 『컬러의 힘』 중에서

연약함의 반격

요즘같이 불안이 폭발하는 시대에는 분홍색 분위기 미인을 만나기가 쉽지 않아요. 불안의 반작용으로 다들 지나치게 강인해지려고 하니까요. 그에 반해 분홍색 그녀는 잘 넘어지고 잘 멍들고 잘 아파하는데, 그 모습을 투명하게 드러내기까지 해요. 그러면 막 공격당할 것 같잖아요? 그런데 또 그렇지가 않아요. 대부분의 사람들은 자기 내면에 꼭꼭 숨겨뒀던 그 연약한 마음을 바깥 세계에서 마주하는 순간, 약간의 놀람과 다량의 짠함을 느끼거든요. 그리고 그때부터 자기를 향한 것인지, 분홍색 그녀를 향한 것인지 모를 안부를 묻게 되고, 자주 소식을 듣다 보니 자꾸 신경이 쓰이고, 나아가 크나큰 애정이 자라나는 수순을 밟죠. 그래서 그들은 결국, 가수 김종국처럼 눈에서 꿀을 뚝뚝 떨어트리며 이렇게 읊조립니다. 유명한 가사죠.

오! 머리부터 발끝까지 다 사랑스러워

오! 네가 나의 여자라는 게 자랑스러워

무뚝뚝하던 내가 종일 싱글벙글 웃잖아

대체 내게 무슨 짓을 한 거야

분홍색은 빨간색에 물이나 흰색을 섞어 옅게 만든 색인데요, 그렇다고 분홍색을 빨간색의 순한 맛 정도로 생각하면 오산이에요. 빨강은 빨강 나름대로의, 분홍은 분홍 나름대로의 개성 있는 매력이 있다고 보는 게 맞아요. 잠시만 떠올려 봐도 빨간색 옷을 입은 날과 분홍색 옷을 입은 날의 분위기는 확연히 다르죠. 그럼 어떤 차이점이 있을까요? 단적으로 말해 보면, 빨간색 그녀가 직선형의 행보를 보인다면 분홍색 그녀는 곡선형을 선호해요. 예를 들어 여행을 떠난다고 가정해 볼게요. 빨간색 그녀는 '스트레스 지수 낮추기', '스쿠버다이빙 경험하기', '등반 코스 완수하기'와 같이 여행의 목표를 명확히 잡아 해냈을 때 재미를 느낀다면, 분홍색 그녀는 '그 지역의 특산물은 무슨 맛일까?', '그곳의 하늘은 얼마나 맑을까?'처럼 자연적인 호기심을 채울 때 만족을 느껴요.

비단 여행뿐 아니라, 그게 일이 됐든 연애가 됐든, 같은 자리에 빨간색 그녀가 지나갔느냐 분홍색 그녀가 지나갔느냐에 따라 공기의 흐름이 미묘하게 달라지는 걸 느낄 수 있는데요, 그것은 마치 이목구비는 닮았지만 성격은 전혀 다른 일란성 쌍둥이를 목격한 느낌과 비슷해요. 그렇지만 같은 유전자를 가진 쌍둥이에게는 어떤 공통적인 특질이 드러나게 마련이듯이, 빨간색과 분홍색에도 기질적인 공통점이 있는데요, 그것은 위험이 예상되는 순간에 적색경보 본능을 발휘한다는 거예요. 그럴 때 빨간색 그녀야 워낙에 알아서 경계를 강화하고 돌파구도 척척 찾을 것 같지만, 분홍색 그녀는 보호본능을 불러일으킬 뿐 해결 의지가 없을 거라는 선입견을 많이들 갖는데요, 실제로 한번 지켜봐 보세요. 적색 경보가 더욱 선명하게 드러나는 쪽은 오히려 평소에 약간 희미했던 분홍색 쪽일걸요?

그와 관련된 일화 하나를 들려드릴게요. 저도 들은 얘기인지라, 이 얘기의 주인공에 대해서 먼저 말해야겠네요. 그녀의 닉네임은 헤이즐인데, 왜 닉네임으로 부르기 시작했냐면 우리 회사 서비스의 회원이었거든요. 줄곧 다이어리로 소통하던 사이였지만 실제로 처음 본 건 2017년 11월에 열렸던 북 콘서트 현장이었어요. 저에게는 그것이 첫 책에다가 처음 단독으로 하는 강연이었으니, 얼마나 벌벌 떨었을지에 대해서라면 두말하지 않겠습니다. 그래서 그녀는 거기에 자리해 있었으나 저는 떨고 있었던 관계로 제대로 알아채지 못했어요.

며칠 후, 현장 스냅사진이 나왔는데 스태프들이 모여서 웅성거리고 있더라고요. 그 웅성거림의 핵심 메시지는 "이분 누구예요?"였어요. 무대 쪽을 초롱초롱하게 응시하는 사진 속 그녀의 모습이 정말 예뻤거든요. 그 사진을 저희 회사 홈페이지에 사용해도 괜찮은가 하는 허락을 받기 위해 제가 연락을 했고, 그녀가 흔쾌히 수락했어요. 이후 우리는 사적으로 만나서 밥 먹고 술 마시는 사이가 됐죠. 그녀와 한참 얘길 나누다 보면, 저는 어느새 '여자 김종국'이 된 것 같았어요*(오! 머리부터 발끝까지 다 사랑스러워♪)*. 그러니까 그녀는 제가 아는 사람 중 사랑스럽기로는 단연 으뜸이에요.

본론으로 돌아와서, 분홍색 그녀의 '적색경보 일화'는요, 그녀의 어투 그대로 들려드리는 게 좋겠어요. "대학 주변의 작은 개인 카페에서 일을 했었어요. 작은 가게라 저 혼자 일했었어요. 원래부터 자주 가던 단골 가게여서 애정이 깊었기도 했고, 일단 내 입에도 맛있어야 하니 정말로 열심히 만들었어요. 그러던 어느 늦은 밤, 마감을 하는 날이었어요. 자정이 가까운 시간이었죠. 그때 친구가 저를 도와주고 있었어요. 한참 마감을 하고 있는데! *(중요한 단서를 알려주겠다는 듯, 침을 꼴깍 삼키더니)* 카페 문이 유리라서 안팎이 다 보이거든요! 그곳에 바바리 맨이 그것을 내놓고 서 있는 거예요. 진짜… 친구랑 너무 놀라서… 빵칼을 들고 친구랑 화장실에 문 잠그고 숨었어요. 그리고 경찰을 불러서 경찰차를 타고 집에 갔답니다. *(시익- 사악한 미소로 웃더니)* 근데 빵칼은 왜 들었을까요? *(비장한 얼굴로)* 네, 저는 정말로 썰어버릴 각오를 했었답니다!"

〈분홍색 분위기 미인, 송유리〉는 빵칼을 든 그녀에게서 영감을 얻어서 완성한 이야기예요. 순수하고 엉뚱해서, 잔뜩 사랑스러운 그녀의 이야기를 시작하겠습니다.

분홍색 분위기 미인,
송유리
(즐거울 유愉, 영리할 리悧)

"도움과 기쁨이 되고 싶습니다"

송유리에게는 한 가지 비밀이 있었다. 스물여섯 해 동안 누구에게도 말하지 못했다. 아니다, 딱 한 사람이 있었다. 어쩌다 그에게 들켜버려서 사흘 밤낮을 울었던 기억이 있다. 눈물 이야기가 나와서 말인데, 송유리 눈에는 자주 눈물이 맺혔다. 안과 선생님 말씀으로는 눈물길이 잘 막히는 눈으로 타고나서 그렇다고 했다. 송유리가 큰 눈 가득 그렁그렁 눈물을 채우고 흘리지도 않고 가만히 있으면, 주변 사람들은 괜히 미안해했다. 그러면 송유리는 조심조심 웃음을 지어 보였다. 괜찮다는 표시였다.

송유리의 하루는 한결같았다. 눈 뜨자마자 고시식당으로 가서 아침 식사를 했다. 퍼석한 쌀알이 매력인 흰밥, 지나치게 심심한 뭇국, 수입산 돼지 앞다리로 달고 짜게 볶은 제육, 어릴 때 먹던 추억의 분홍 소시지, 왜 설탕 맛이 나는지 모르겠는 콩나물무침까지. 다행히 잠도 덜 깼으니 딱 열 숟가락만 아무 생각 없이 삼키자 하는 심정으로 먹었다. 오전 공부는 집에서 하고 점심 식사는 요거트에 시리얼로 간단히 요기했다. 오후에는 학원으로 가서 수업을 듣거나 자습을 했다. 저녁 식사는 운에 맡겼다. 6시께가 되면 문제집의 진도를 확인하며 점을 쳤다. 한 장 더 풀고 가면 먹을 수 있을까? 그런 내적 갈등 끝에 '이모네'에 도착하는 시간은 5시 50분 혹은 6시 20분이었다. 이모네는 세탁소와 같은 건물 2층에 있는, 동네에서 제일 잘하는 가정식 백반집이었다. 왜 2층이냐면 진짜 가정집이기 때문이다. 이모 본인이 먹으려고 만든 걸 선착순으로 5~7인분 정도만 팔았다. 예약 같은 건 당연히 안 되고, 저녁 6시와 7시 사이에 이모네까지 직접 찾아가 현관에 신발이 몇 개인지 확인해야지만 먹을 수 있는지 없는지 알 수 있었다. 불편함을 따를 가치는 충분했다. 밥, 국, 나물무침, 부침, 구이, 김치까지 집밥의 정석을 그대로 따르는 한 상을 꼭꼭 씹어 먹고 난 날 밤이면 패기가 생겼다.

'계속 살아남아서 훌륭한 사람이 되자!'

_____ 비밀

송유리의 비밀 그러니까 병명은 '감정 홍조증'이었다. 부끄러움을 많이 타는 아이. 송유리의 유년 시절은 그렇게 요약되었다. 낯선 공기와 낯선 사람 앞에서 쉽게 얼굴이 붉어졌다. 그 조그만 손으로 엄마의 치맛자락을 어찌나 세게 잡아당기는지, 고무밴드로 된 치마를 입은 날에는 엄마의 얼굴도 함께 붉어졌다.

본격적으로 증상이 발현된 것은 중학교 1학년 때였다. 영어 말하기 대회 본선 날이었다. 송유리네 반에서는 3명이 지원했는데 송유리만 예선을 통과했다. 어차피 2학년, 3학년 언니들이 한 번에 출전하기 때문에 수상 욕심은 없었다. "경험 쌓는다고 생각하고 가볍게 해, 가볍게!" 담임선생님도 그렇게 말씀하셨다.

그러나 그의 행동은 다른 말을 하고 있었다. 갑자기 교실 뒷면 게시판을 재정비하여 빈 공간을 마련했다. 그리고 자꾸만 송유리를 지긋하고 다정하고 불편하게 바라보았다. 전날 원고를 최종 수정하여 메일을 발송했을 때도 담임선생님은 '우리 유리, 고생이 많다'라며 답신을 보냈다. 당일 아침 주최 측에서 무작위로 추첨한 발표 순서가 공개되었다. 송유리는 두 번째 순서였다. "2번! 딱 좋아!" 담임선생님은 벌써 우수상을 거머쥔 사람처럼 기뻐했다. 첫 번째 발표자의 발표는 한마디로 유창했다. 발음과 억양, 시선 처리에서 자연스러운 외국물이 느껴졌다. 한 차례 소란스러운 박수 갈채가 쏟아졌다. 다음 참가자인 송유리 입장에서는 그 소리의 여운을 가득 떠안고 무대 위로 올라야 하는 것이 약간 반칙 같았다. 이어 핀 조명이 송유리 아래로 떨어졌고, 발표를 시작했다. 시작한 이상 3분은 순식간에 흘러갈 것이다. 한 음절 한 음절 노래를 부르듯 이어갔다. 그런데 중간쯤에 유리 입에서 한국어가 튀어나왔다. "저기… 저 처음부터 다시 갈게요." 망했다.

　그 순간, 눈에 흰자위를 가득 드러낸 담임선생님의 경악이, 앞에 놓인 종이에 탈락을 체크하는 심사위원의 빠른 손놀림이, 실망과 비웃음이 섞인 관중석의 눈빛이, 30초 남았음을 알리는 진행 요원의 사무적인 사인이, 전부 유리의 뇌리에 HD 화질로 녹화되었다. 코피가 터졌다. 콧구멍을 틀어막고 도망치듯 무대에서 내려왔다. 곧바로 달려간 곳은 2층 여자 화장실이었다. 거울 앞에 선 유리는 본인의 모습을 보고 움찔 놀라 뒤로 한 발 물러섰다. 얼굴에 엄지손가락 마디만 한 붉은 반점이 몇 개나 올라와 있었다. 옅은 것도 있었고 짙은 것도 있었다. 팔뚝 옆으로 소름이 스쳐 갔다. 살그머니 고개를 숙여 교복 상의 안을 들춰 보았다. 악! 거기도 있었다. 심장 쪽에 가까울수록 더욱 크고 선명한 자국이 보였다.

　다음 날, 송유리가 돌돌 만 이불을 따라 몸을 잔뜩 웅크리는 동안 방 밖에는 여느 날과 다름없는 아침이 펼쳐졌다. 오늘의 교통 상황을 전하는 기상 캐스터의 경쾌한 목소리, 샤워기가 바쁘게 물을 토해내는 소리, 익숙한 그릇들이 심심찮게 부딪치는 소리, 신문이 넘어갈 때마다 신세계가 활짝 펼쳐지는 소리, 이 모든 것이 마냥 신난 강아지 노랫소리까지, 1분 1초가 일사불란하게 돌아갔다. 송유리는 그 분주한 박자에 초조함을 느끼며 오늘 학교에 가지 않으면 어떻게 되는지 헤아려 보았다. 어제 조퇴를 해버렸으니 개근상은 물 건너갔고, 앞으로 매일매일 학교에 갈 자신을 잃어버렸으므로 오늘은 첫 번째 결석일로 적합했다. 문제는 엄마였다. 어제 영어 말하기 대회에서 한국어를 말해 버린 것과 조퇴한 것, 두 가지 모두 말하지 못했다. 만약 오늘 자신이 자발적인 결석을 하게 된다면, 그것이 엄마가 알게 될 세 번째 사실이 된다

먼……. 천장 위로 엄마의 얼굴이 떠올랐다. 엄마는 한 번도 혼내지는 않았지만 자주 실망하는 편이었다. 그리고 엄마가 제일 많이 하는 말은 '엄마도 그랬어'였다. 그 말 역시 가끔은 위로가 되었지만 자주 부담으로 다가왔다. 아무래도 결석하는 인생은 힘들겠지. 학교는 가야겠지. 유리는 체념한 듯 침대 밖으로 빠져나왔다. "유리, 일어 났니?" 오늘따라 엄마 목소리가 한층 더 다정해서 짜증이 났다.

오늘 당번 누구야? 이렇게 별일 아닌 호명에도 깜짝깜짝 놀라는 날들이 이어졌다. 되도록 뭇사람의 시선을 끌지 않도록 행동반경을 좁히고 실수를 통제했다. 학교에서 의 일과는 단짝 친구 하고만 나누었다. 학원 수업은 꼭 필요한 단과 특강 위주로 들 었다. 원체 머리도 좋은 편이지만 혼자 있는 시간이 늘면서 성적이 날로 향상되었다. 그리고 송유리가 세상의 모든 신들에게 매일 하는 기도가 있었다.
'하나님, 부처님, 알라신 님이시여! 진심이 통하는 세상을 부탁드려요!'

도서관

일요일, 유리는 숲 속 도서관이 개관하는 시간에 맞춰 집을 나섰다. 도심 공원 안에 작은 규모로 자리한 도서관은 한 달 단위로 새로운 책이 입고되었다. 대학도서관이 나 시립도서관에서 옮겨온 책들이 대부분이고 최신 신간은 아주 간혹 들어왔지만 상관없었다. 오래된 책은 오래된 나름대로, 신선한 책은 신선한 나름대로의 매력이 있었으니까. 당연한 말이지만 도서관은 조용했다. 이곳에서는 누구도 함부로 말을 걸지 않는다는 것이 송유리에게 큰 안도감을 주었다. 미닫이문을 열고 도서관 안으 로 들어갔다. 열람실은 단 두 개. 하나는 골방, 하나는 다락방이었다. 골방은 천정이

높고 길목이 좁은 구조였고 다락방은 그 반대였다. 송유리의 취향은 골방 쪽이었다. 일찍 도착했으니 제일 좋아하는 E열 안쪽 자리도 비어 있을 터였다. 그 자리에 입구를 등지고 앉으면 나무틀로 짜인 작은 창문 한 칸을 온전히 차지할 수 있었다. 손바닥 두 개면 가려지는 그 프레임을 통해 상영되는 바깥 풍경을 가만히 보고 있으면 심장박동수가 느려졌다. 커다란 나무와 끝없는 하늘 아래로 검지만 한 사람들이 웃고 떠들며 걸었다. 책을 읽다가 그곳을 바라보면 피식 웃음이 났다. 그리고 생각했다.

'사람들, 귀엽네!'

해가 지기 전에 할 일이 있었다. 일주일 동안 자신의 친구가 되어줄 한 권의 책을 고르는 것. 아니 고른다기보다는 뽑기에 가까웠다. 과학, 예술, 언어, 문학, 역사, 철학 (종교는 뺐다)까지 여섯 분류를 줄 세워놓고 사다리를 태웠다. 오른손에 연필을 꽉 쥐고 사다리의 운명을 따라갔다. 한 줄 한 줄 계단을 탈 때마다 기대가 증폭됐다. 도착한 곳은 철학 칸이었다. 송유리가 잠깐 주위를 살폈다. 다른 사람들이 저마다의 책에 집중하고 있는 걸 확인한 후, 카디건 호주머니에서 주사위 세 개를 꺼냈다. 또르르 굴릴 수는 없으니까 포갠 양손 안에서 적당히 섞는 작업을 거쳤다. 작게 숨을 한 번 고르고 허리를 곧추세웠다. 숫자를 확인했다. 1, 4, 7이었다.

그렇게 여러 해 동안 매주 뽑기로 만난 일관성 없는 책들은 송유리 안에 원더우먼을 키웠다. 제각각으로 보이는 낱개의 문장들이 서로 소통하며 하나의 세계관을 형성했다. 그리고 수년이 지난 어느 날, 송유리는 알게 됐다. 우리들은 각각의 세계 속에서 영웅이기를 자처하며 살아가고, 실제로 그 세계에서 나를 구해줄 건 나밖에 없다는 걸.

대학 생활, 그것은 송유리에게 낭만도 뭣도 아닌 아픔이었다. 마음과 몸이 따로 혹은 같이 다채로운 방법으로 아팠다. 심장이 두근거리고 맥박이 빨라지는 증상 정도는 예삿일이었다. 편두통도 잦은 일이라 괜찮았는데, 어느 날에는 머릿속이 하얗게 날아가면서 땅이 하늘로 솟아오르는 광경이 펼쳐져서 그건 좀 신기했다. 그리고 갑자기 속이 울렁거려서 입을 틀어막고 화장실로 달려간 날에는 "뭐야? 쟤, 호박씨 까는 거였어?"라는 말을 들었는데, 따질 용기가 없어서 시원하게 속을 게워내는 것으로 분풀이를 했다. 또 다른 날에는 온몸의 감각이 극도로 살아나면서 평소보다 훨씬 잘 들리고 잘 보였다. 그러면 뚜뚜뚜두 소리를 내면서 초능력을 발휘하던 미녀 배우 소머즈가 떠올라서 약간 흥분됐다. 그러나 그날 밤 송유리는 밤새도록 파리처럼 파르르 떨며 몸살을 앓았을 뿐이었다.

그렇게 약해 빠져 가지고 앞으로 이 험한 세상을 어떻게 살아가려고 그러니? 그 지적은 사회적 자아가 강한 사람이 잘 산다는 걸 전제로 하고 있다는 걸, 그 전제가 틀릴 수도 있다는 걸, 송유리는 인지하고 있었다. 타고나기를 관계 면역력이 약한 사람도 있다. 사람들과 만나고 부딪칠 때마다 홍역 같은 걸 치러야 하는 사람들 말이다. 그래, 물론 최소한의 지구인으로 살아가려면 평생 숨어서 살 수는 없겠지. 힘들어도 조금씩 부딪치면서 사회성을 키워가야 한다는 건 인정한다. 그런데 그 과정에서 얼마나 아픈지, 아파 죽겠는지 아무도 몰라주잖아. 아니, 꼭 알아줘야 한다는 건 아니지만…… 적어도 다그치지는 않았으면 좋겠다고, 송유리는 생각했다.

특히 무례한 사람들, 분명 모르는 사인데 갑자기 팔짱을 잡아끌며 동아리방으로 인도하는 사람들, 학식 먹으려고 한참 줄 서 있는데 "몇 학번?" 하며 당당하게 새치기하는 사람들, 지난번 술자리에서는 실수가 많았다며 앞뒤 없는 포옹으로 용서를 구하는 사람들, 맡겨 놓은 듯 몇 번씩 번호를 재촉하는 남자들까지. 아무리 곱씹어 봐도 이해하기 힘든 외계인들에게 꼭 해주고 싶은 말이 있었다.

'너희들, 그러다 벌 받아!'

학기와 방학은 빠르게 바통을 터치해 갔다. 1, 2학년 때와 달리 3학년은 꺾이는 느낌 자체가 다르지 않느냐는 말이 자주 들렸다. 송유리는 여전히 꼭 필요한 수업시간 외에는 산책로를 쏘다니는 편이었지만, 그 말이 자꾸 신경 쓰였다. 마음 같아서는 자연에게만 눈길을 주고 싶었지만 이제는 정신을 차려야 할 것 같았다. 주변(사람)을 둘러보았다. 놀랍게도 똑같은 얼굴을 하고 있었다. 그 얼굴에는 사냥감에 몰두하며 맹렬하게 돌진하는 맹수의 기운이 느껴졌다. 그것이 연애든, 학점이든, 게임이든, 술이든 강한 목표의식을 가진 그들은 시간이 너무 빠르게 흐른다고 불평하며 동시에 신나 했다. 그런 거 없이 자연의 완만한 리듬을 따라 멍 때리는 시간을 보내온 송유리에게는 없는 얼굴이었다.

_____ **변화**

송유리의 변화는 평범한 날 시작됐다. 여느 날과 다름없이 하늘색과 구름 모양을 살피느라, 바람이 불면 잠시 멈추어서 바람을 쐬느라, 특히나 영롱하게 빛나는 나뭇잎이 보이면 감탄하느라 느릿느릿 등교하고 있었다. 정문 앞에 다다랐을 때 웅성웅성하는 곳이 보였다. 자주 있는 일이었다. 어떤 날에는 시비가 걸리기도 하고, 어떤 날에는 잡상인이 신기한 물건을 팔기도 하고, 어떤 날에는 고백하는 장면이 연출되기도 하니까. 그런 것들에 관심 없는 송유리로서는 부딪치지 않고 지나치는 것 정도가 목표였다.

그런데 그날 송유리를 잡아 세운 말이 있었다. "참여하는 모든 분들께 도서상품권을 드려요." 확실한 보상이었다. 줄이 길었다. 마침 소장하고 싶은 하드커버 소설책 한 권이 있었는데 용돈이 부족했다. 하지만 '무엇에' 참여하는 건지도 모른 채 긴 줄에 참여할 수는 없었다. 그렇다고 송유리 성격에 앞사람을 툭툭 쳐서 물어볼 염치는 더더욱 없었다. 10분 정도 기웃거리다 보니 몇 가지 말이 들렸다. 무슨 설문조사에 참여하는 것이고, 어디 정부기관에서 대학생들의 실태를 조사하는 거라고. 그 순간, 송유리가 평소답지 않게 천연덕스러운 낯빛으로 중얼거렸다(그 소설책이 무척 갖고 싶었던 거다).

'나 정도면 자격 있지!'

설문조사 결과는 각 포털 사이트 뉴스 탭에 「대학생 70% 용돈 충당 및 사회경험 쌓기 등 이유로 아르바이트 경험」 이라는 제목으로 게재되었다. 그날 송유리는 설문조사 칸을 찍어 내려가면서 살짝 갈등했다. 몇 개는 거짓말을 칠까? 흔들렸다. 알바를 단 한 번도 해보지 않았다는 사실을 고하면 평균을 왕창 깎아 먹을 것이 뻔했다. 그것은 이름 모를 전국의 대학생들에게 오명을 씌울 것 같았다. 벌써부터 미안했다. 하지만 송유리는 양심껏 '아니요'로 일관된 설문지를 완성했다. 이 설문의 본질은 실태 조사니까 (현)대학생으로서 있는 그대로의 고백이 더욱 중요할 거라고 생각했기 때문이다. '당당해도 괜찮아.' 혼잣말을 몇 번이나 하며 스스로를 다독인 다음, 어설픈 걸음으로 제출대로 향했다. 그러나 도서상품권을 타고, 수업을 듣고, 서점에서 소설책을 구입하고, 집으로 돌아가는 길 내내 등 뒤에 달라붙은 찜찜함을 털어내기 힘들었다.

그러니까 송유리가 빵집 아르바이트를 시작한 건 그 찜찜함 때문이었다. 점주는 송유리를 처음 보자마자 "아이고, 빵 같이 생긴 아가씨가 빵을 팔면 빵이 더 맛있겠어." 하며 농담을 던졌다. 볼이 포동포동하고 귀여운 인상이 마음에 든다는 투였는데, 송유리는 거기에 뭐라고 대꾸해야 할지 몰라 애매한 표정으로 팔다리를 버둥거렸다. 첫날 주어진 임무는 제빵 기사님께 빵을 받아서 보기 좋게 진열하는 것과 계산을 담당하는 언니 옆에서 빵 포장을 돕는 일이었다. 빵 나오는 시간과 손님이 밀리는 시간에는 정신없이 맡은 일을 하면 됐다. 문제는 한가한 시간이었다. 그 틈에는 손님들이 꼭 말을 걸었다. 무슨 빵이 제일 맛나냐고 묻고(다 못 먹어봤어요), 시식 빵은 왜 이거밖에 없냐고 묻고(제 권한이 아니에요), 혹시 어제 날짜 빵을 재활용하지는 않는지 물었다(마감 시간에는 제가 없어서요). 솔직하게 말하면 안 되는 건 알겠는데 어떤 대답을 해야 할지는 쉽게 떠오르지 않았다. 그러다 보니 손님은 손님대로 짜증이 났고, 송유리는 송유리대로 속이 탔다. 다음 날, 점주가 송유리를 불렀다. 단도직입적으로 그만뒀으면 한다고 딱 잘라 전했다. 어디서 그런 용기가 나왔는지 송유리도 딱 잘라 말씀드렸다.

"아무래도 저는 계산 체질인 것 같습니다!"

그것은 정말이었다. 하루 만에 28가지 빵 이름을 모조리 외운 것은 물론, 100원 단위로 차이 나는 가격표도 정확히 읊었다. 그뿐만 아니었다. 동네 빵집이다 보니 바코드가 없어서 일일이 다 외우고 계산해야 하는데 단 한 번을 틀리지 않았다. 간혹 한참 뒤에 돌아와서 계산이 틀렸다거나 거스름돈을 못 받았다는 손님들이 있었는데, 그때 송유리는 작지만 정확한 목소리로 그분이 사 간 빵 종류와 어떤 지폐를 몇 장 내었는지 말했다. 끝까지 우기면 하는 수 없이 돌려주긴 했으나, 열에 여덟은 수긍하며 돌아갔다. 점장은 매우 흡족해하며 일하는 시간을 늘려보지 않겠냐고 권했다.

그러던 어느 날, 재활용 촉진 법률에 따라 일회용 봉툿값을 받는 규정이 생겼다. 취지는 공감했지만 인정상 50원을 요구하기가 참 어려웠다. 그래서 처음에는 지키다가 안 지키다가 했으나 점차 단속과 신고가 강화되었다. 몇 번 과태료 딱지를 받은 점장은 씩씩거리며 송유리에게 명령했다. 앞으로 무슨 일이 있어도 봉툿값을 철저하게 받으라고!

"봉급을 받으면 봉급 값을 해!" 봉툿값을 요청하니까 봉급 값을 하라고 역정을 내신 그분은 단골 할아버지였다. 소동은 15분간 이어졌다. 그간 내가 이 집 빵을 얼마나 팔아줬는데, 배은망덕하게 그깟 봉툿값 몇 푼 벌려고 사람대접을 이렇게 하느냐, 이건 절대 사람 도리가 아니다, 내 말이 틀렸냐. 야속한 듯 원망하셨다. 송유리에게는 힘이 없었다. 고개를 조아리고 듣다가, 죄송하다고 말씀드리려다가, 억울해서 눈물이 났다. 결국 그냥 가시라고 말씀드리고 50원을 자기 돈으로 채웠다.

"128번 고객님, 무엇을 도와드릴까요?" 찰랑한 단발머리 은행원 언니가 다정하게 물었다. 송유리는 투명한 사각 바구니에 가지런히 올린 통장을 내밀며 통장 정리를 부탁했다. 찌직— 기계음을 타고 통장에 찍힌 숫자들이 송유리 손에 도착했다. 어제 날짜로 세 번째 아르바이트비가 더해져서 백만 원도 넘는 돈이 모였다. 단순히 돈 때문에 시작한 게 아닌데 남은 건 돈뿐이었다. 이 돈으로 무엇을 하면 좋을지 또 고민에 빠졌다. 스트레스 왕창 풀리게 책을 한 보따리 사버릴지, 엊그제 엄마가 광고 속 이영애를 보며 감탄하던 립스틱을 선물할지, 그냥 저금해 둘지 저울질해 봤다. 모두 내키지 않았다. 왜냐하면 송유리가 진짜 저지르고 싶은 건 따로 있었기 때문이었다.

당일, 송유리는 입술을 잘근잘근 깨물며 그곳에 도착했다. 그날로부터, 아니 정확히는 그곳에 방문한 지 세 번째 되는 날로부터 송유리가 달라졌다. 그곳은 「해맑음」이라는 심리 상담소였다. 간판에 정신의학 혹은 심리 상담이라는 문구를 대문짝만 하게 내세우지 않은 곳이라 문턱을 넘기가 수월했다. 그러나 첫날은 눈치만 보다가 돌아오고, 겨우 다시 용기를 낸 두 번째 날에는 영어 말하기 대회 날에 한국어를 말한 경험을 말하다가 억하심정이 튀어 올라와서 펑펑 울기만 하다가 돌아왔다. 그리고 드디어 세 번째 날이 되어서야 대화다운 대화가 이어졌다.

송유리가 진지하게 질문했다. "선생님, 사람들 앞에서 얼굴이 빨개질 때는 어떻게 해야 될까요?" 상담사가 담백하게 미소 지었다. "그냥 빨개지세요." 송유리는 실망을 가득 담고 되물었다. "그냥 빨개지라고요?" 상담사가 말을 이었다. "반대로 한번 생각해 볼까요? 누군가가 유리 씨 앞에서 얼굴이 빨개지면서 막 당황하고 있으면, 유리 씨 마음은 어때요?" 유리가 그런 쪽으로는 생각해 본 적 없었다는 듯 놀란 얼굴로 말했다. "아하, 저는요? 도와주고 싶을 것 같은데요?" 다시 상담사가 빙긋 웃었다. "그거예요. 의외로 사람들은 유리 씨를 도와주고 싶어 할지도 몰라요. 그러니까 그 사람들에게 도와줄 기회를 주기 위해서는 먼저 유리 씨를 알리세요. 그리고 도움을 받고 나서 감사하다는 마음이 들면, 또 그 마음을 알리세요. 그러면 함께 기분이 좋아질 거예요." 그랬다. 사과가 익으면 빨간색이 되듯, 당황하면 얼굴이 빨개지는 사람은 그냥 빨개지면 되는데, 아닌 척하느라 10년이 넘는 세월을 혼자 앓았던 것이다.

이후로도 송유리는 적극적으로 자신을 알리는 사람이 되지는 못했다. 변화는 있었지만 그 폭은 미미했다. 어쩌면 죽는 순간까지 '적극적인 인간형'으로 탈바꿈하는 것은 불가능할지도 모른다. 그러나 실망하지 않았다. 송유리가 원한 건 변신이 아니라 변화였으니까. 이렇게 겁이 많은 사람도 자기 세계를 만들고 그 안에서 잘 살 수 있다는 걸 다른 누군가가 아닌 스스로에게 증명할 수 있다면 충분하다고 생각했다. 더 나아가 자신처럼 마음이 약하게 태어난 사람들을 돕고 싶다고도 생각했다.

그러던 어느 날, 토크쇼에서 정신과 치료 사실을 고백하는 한 여가수를 보았다. "우리 모두 건강 검진을 받듯이 정신 검진을 받았으면 좋겠어요." 눈에 보이지 않는 정신 건강은 소홀해지기 쉬운데, 몸 못지않게 중요한 것이 마음의 건강이라는 걸 깨달았다는 내용이었다. 그때였다. 송유리에게 하고 싶은 일이 생긴 것이다. 정신 검진이 대중화되는 대한민국을 만들고 싶어졌다. 한 사람에게 꿈이 탄생하는 순간이 대개 그렇듯, 송유리의 꿈도 거창했지만 '이거다' 하는 확신이 들었다. 관련 정책을 고민하고 기획할 수 있는 공무원이 되면 어떨까? 자신과 비슷한 사람들이 손쉽게 아픈 마음을 진단받을 수 있게끔 하고 싶었다. 그렇게 시작됐다. 송유리의 수험 생활이.

4월 3일 밤 9시 30분. 열어놓은 창문으로 봄바람이 살랑 들어와 송유리 곁에 앉았다. 나가자고 채근하며 꼬리를 흔드는 강아지 같았다. 어제 비가 왔으니 오래간만에 달리기 하기 좋은 공기이긴 할 것이다. 그래, 송유리는 결심했다는 듯 달달 외던 참고서에 볼펜을 깊숙이 꽂아놓고 자리에서 일어났다. 어차피 입고 있던 옷이 운동복이라 갈아입을 필요는 없었다. 운동화도 낮에 신던 그것 그대로 형광등만 끄고 나가면 됐다. 이리 쉬운 것을 참 망설이다 결심했다. 부모님의 촉망과 기대와 지원을 한 몸에 받고 있는 입장에서 이럴 시간에 책 한 자라도 더 보아야 하지 않을까 고민하는 것은 자식 된 도리였다. 그렇게 살짝살짝 올라오는 죄책감을 꾹꾹 눌러가며 달리기 시작했다. 천천히 속도를 높였다. 10분을 전속으로 달렸다. 심장 소리가 한껏 커졌다. 송유리는 살짝 느슨해진 신발 끈을 고쳐 묶었다. 그리고 다시 뛰기 시작했다. 가볍게 날리는 봄꽃처럼 계속해서 두 발을 지면 위로 붕붕 띄웠다. 가슴이 뛰었다. 기분이 좋아졌다.

■ 나는 겁이 많다. 조그만 자극과 사소한 반응에도 화들짝 놀라며 본능적으로 보호막을 친다. 그런 내 모습은 계속 아이 같기만 해서 나도 좀 크고 싶었다. 진짜 어른이 되어서 무쇠처럼 단단한 정신력으로 이 거친 세상을 헤쳐 나가고 싶었다. 하지만 이제는 안다. 나는 연약한 사람이 아니라, 예민한 사람이며, 예민함이란 변화와 위협을 감지하는 촉수가 발달된 하나의 재능이라는 걸. 어딘가에 나와 같은 고민을 하는 이들에게 도움과 기쁨이 되고 싶다.

수줍음

새로운 친구를 사귀는 일은 분홍색 그녀에게 언제나 스트레스입니다. 신학기가 시작되면, 취직 혹은 이직을 하게 되면, 어떤 모임에 참석해야 하면, 낯설고 불편한 느낌에 한동안 밤잠을 이루지 못해요. 다행히 마음 잘 맞고 다정한 누군가가 있다 해도, 분홍색 그녀가 스트레스를 받는다는 사실에는 변함이 없어요. 정현종 시인의 시구처럼 '사람이 온다는 건, 사실은 어마어마한 일이며, 그것은 그의 일생이 함께 오는 것'이기 때문이죠. 언제나 그랬지만, 새로운 친구의 세계로 들어가는 것이 싫어서라기보다는 매혹적이지만 두렵다는 것에 가까워요.

그러니까 분홍색 그녀에게는 '나도 너의 세계가 무척 기대돼. 근데, 잠깐만, 잠깐만, 나 준비 운동 좀 하고 들어갈게. (소심한 동작으로) 핫 둘! 핫 둘!'과 같은 수줍은 태도가 있어요. 기질적으로 뜸 들이는 시간이 긴 편에 속하는 사람인 거죠.

누군가에게는 그 모습이 무척 답답하게 느껴질 수 있는데, 다행인 건 열 명 중 아홉 명은 사랑스러워해요. 실제로 몇몇 남자 배우가 자신의 이상형을 '수줍어하는 여자'로 밝혔죠? 수줍어하는 여자가 이상형씩이나 된다는 건 무슨 심리일까요? 처음부터 끝까지 수줍어하는 태도로 일관하며 매사에 수동적인 사람이라면 곤란하겠지만, 안개 같은 수줍음을 헤치고 나에게로 다가오려고 버둥대는 모습을 보고 있으면 어쩔 수 없이 흐뭇해지는 것 같아요.

수줍음을 좀 타본 분홍색 그녀라면 영문도 모른 채 처음부터 과분한 사랑을 주는 상대를 만나본 경험이 있을 거예요. 더군다나 그렇게 퍼주듯 시작된 사랑은 마르는 일도 잘 없어요. 이렇듯 사랑이 고픈 줄 모르고 살아온 사람, 그 때문에 두 눈 가득 진실함을 담은 사람, 분홍색 분위기 미인입니다.

직진하는
연애

심리학적으로 분홍색은 치유와 안정의 효과가 있다고 해요. 실제로 미국의 생태사회학자 알렉산더 샤우스 박사가 이런 심리 효과에 관련된 연구를 해 왔는데, 제일 잘 알려진 건 교도소 벽을 온통 분홍색으로 칠했더니 수감자들의 폭력성이 대폭 줄어들었다고 밝힌 연구예요. 샤우스 박사님은 분홍색 환경에 있는 사람들은 화내기가 어려워진다며, 분홍색의 진정 작용을 강조했습니다. 첫인상은 어딘가 부족하고 연약해 보였을지 모르지만, 그건 말 그대로 첫인상이고요, 첫인상과 이후의 인상이 가장 다른 사람이 바로 분홍색 그녀입니다. 새로운 환경에 적응하는 데 시간이 걸릴 뿐, 차츰 대범해지다가 어느 날부터는 주변을 죄다 품어버리는 포용력을 발휘합니다.

　이러한 분홍색 그녀들의 이성 취향은 확고한 편이에요. 딱 봤을 때 존경할 만한 구석이 있는 남자를 좋아하는데, 그 남자와 웃음기를 쏙 뺀 얼굴로 '모두를 위한 미래'를 그려볼 땐 흡사 첫날밤의 황홀경에 빠진 신부 같아요. 더 나은 세상에 일조하는 사람이 된다는 건 분홍색 그녀에게 어마어마한 행복인데요, 그 천진난만한 행복을 철없다고 나무라지 않고 진지하게 대해주며, 그에 합당한 행동력까지 갖춘 남자라면 분홍색 그녀는 지체 없이, 즉각적으로 반해버립니다. 그리고 심장이 '이건 분명한 호감'이라는 신호를 주면 예외 없이 직진합니다. 전방 후방 할 것 없이, 근방에 있는 사람이라면 분홍색 그녀가 누굴 좋아하는지 단박에 알아볼 정도로 티를 내요. 아니, 일부러 티를 낸다고 말하기엔 무리가 있는 모습이긴 하죠. '저 남잘 어떻게든 내 남자로 만들어보겠어' 같은 의지나 의도가 엿보인다기보다는, 먼저 마음을 뺏겨버린 사람의 다급하고 절박한 심정이 투명하게 비칠 뿐이니까요.

그렇다고 당당하게 고백을 해버리는 편이냐 하면, 그러지는 못해요. 여러모로 상대의 상황, 마음이 신경 쓰여서요. 그 대신에 되도록 많은 시간 그 남자 주변을 서성이며 온몸으로 민망함을 감당합니다. 본인이 부끄러운 것까지는 괜찮은데 행여 상대에게 피해를 주면 어쩌나 하는 걱정 때문에 혼자 얼마나 끙끙 앓는지요? 분홍색 그녀의 이러한 끙끙거림은 밀고 당기기가 익숙한 요즘 세대에게는 쌍팔년도식으로 비칠 수 있는데요, 역설적으로 그만큼 신선하게 느껴지기도 해요.

이러한 분홍색 그녀의 직진이 실제 연애로 이어지느냐 그러지 못하느냐는 상대의 성향에 달렸어요. 그 성향을 간결하게 말하자면, 성취욕구가 높은 남자냐, 아니면 자기효능감에 민감도가 높은 남자냐 정도로 구분할 수 있겠네요. 전자는 대개 분홍색 그녀의 짝사랑으로 끝나고 후자와는 사귀는 사이가 되죠. 어쩌면 분홍색 그녀가 처음부터 그런 남자를 골라내려는 심산으로 은근히 짝사랑을 즐기는 것은 아니냐 하는 합리적인 의심이 드는걸요?

■ 분홍색 그녀를 사랑한다면
첫째, 그녀는 어떤 식으로든 놀리는 걸 싫어합니다. 호감이 있다면 장난치지 말고 존
　　중해 주세요.
둘째, 그녀와 미래에 관하여 이야기해 보세요. 처음부터 '두 사람의 미래'를 그려보
　　라는 말이 아닙니다. 각자의 미래를 담백하게 나누다 보면 어느새 맞물리는

지점이 있을 겁니다.

셋째, 그녀가 상처 받을까 봐 어떤 말을 못 하고 있나요? 맞아요. 쉽게 상처 받을 거예요. 그렇지만 또 그만큼 단단해질 겁니다. 단, 그 말이 누구를 위한 말인지만 신중하게 따져봐 주세요.

넷째, 그녀의 '우쭈쭈어떤 대상을 귀여워하며 어를 때 내는 소리'를 들어보셨나요? 그렇다면 '힘이 불끈 난다는 게 바로 이런 거구나.'를 잘 알고 있겠군요.

다섯째, 그녀는 눈물이 많은 편입니다. 여리기 때문이 아닙니다. 정이 많아 가여운 사람을 얼른 알아보기 때문이며, 양심적이라서 미안함을 쉽게 느끼기 때문입니다.

도움과 기쁨이
되고 싶습니다

주근깨 빼빼 마른 빨강 머리 앤, 기억하죠? 이 소설은 1908년에 출판되어 지금까지도 꾸준히 사랑받고 있는 인기 작품인데요. 앤이 남긴 명언은 셀 수도 없이 많지만 분홍색 그녀가 좋아하는 문장은 딱 이거예요. "나는 뭔가 엄청난 일을 진짜 잘 해내고 싶어요." 그런데 아시다시피, 뭔가를 엄청나게 진짜로 잘 해내기까지 하는 건 아무래도 무리잖아요. 더군다나 냉엄한 상황을 맞닥뜨리는 날에는 살짝살짝 간사해지기도 하고, 또 알고도 모르는 척 넘어가기도 하잖아요, 어쨌든 살아나가야 하니까요. 물론 분홍색 그녀의 인생도 하루하루가 해맑기만 하지 않고요. 어둡고 축축해서 얼어 죽을 것 같은 날에는 타협도 하죠. 그러나 그런 날이 반복된다고 해도 무뎌지지 않고 끝까지 부끄러워할 줄 알아요. 마음 한편에 양심통장을 마이너스통장으로 마련해 놓고, 조금은 빚진 기분으로 살아가요. 언젠가 꼭 갚겠다는 각오로요.

분홍색 그녀의 마음 구조가 이런 실정이다 보니 커다란 일 앞에서는 깨갱거리고, 주눅이 들고, 조그만 실수에도 미안해서 어쩔 줄을 모르는데요. 그런 마음이 존재하는 걸 곱게 못 놔두는 사람들, 그런 마음을 십분 활용해서 냉큼 이득을 챙기는 사람들, 그 마음이 무슨 자판기라도 되는 양 이것저것 시켜 먹는 사람들, 이같이 무례한 사람들을 만날 때마다 분홍색 그녀는 강렬한 빨간색을 선망해요. 자기도 좀 더 짙어져서 빨강이 가진 완벽한 기준에 부합하는 사람이 되고 싶다고 말이에요.

하지만 분홍은 분홍이지, 빨강이 아닌걸요? 분홍은 빨강만큼 강렬하지는 않지만, 빨강에다가 흰색을 섞느냐 물을 섞느냐에 따라 부드러워지기도 하고 투명해지기도 하죠. 그러한 속성은 험악함을 중화시키고 삐뚤어짐을 바로잡을 수 있는 힘이 있어요. 그래서 분홍색 그녀들은 뜻밖의 순간에 세상의 등불이 되기도 해요. 그럼에도 불구하고, 아무튼 연하다는 속성에는 변함이 없다 보니까 만만하게 보이는 건 어쩔 수가 없어서 무례한 사람이 잘 엉겨 붙는데요, 덕분에 인복도 끝내주게 좋은 편이랍니다. 그게 무슨 말이냐고요? 아무래도 힘없는 사람에게 함부로 구는 사람들의 민낯을 자주 접하는 입장이다 보니, 그렇지 않은 사람들 또한 쉽게 알아볼 수 있거든요. 그래서 세월이 흐를수록 좋은 사람을 알아보는 눈이 밝아져요.

그런 분홍색 그녀에게는 자신만의 인간 관계론이 있는데요, 정리해 보면 다음과 같아요.

첫 번째는 관계의 마을 이론을 따를 것. 사람들은 저마다의 머릿속에 하나의 마을을 형성하고 있으며, 일정 이상의 정원이 차면 그 마을의 사람을 더 늘릴 수 없다는 것이 인류학자들이 주장하는 마을이론이에요. 이 이론을 알고 나면 소중하지 않은 사람들의 무례함에 대해서 깊이 생각할 필요가 없다는 걸 깨닫고요, 이후로는 전에 없던 어떤 무심한 태도가 생겨요. 그것은 적어도 분홍색 그녀 인생에서는 혁명과도 같은 일이라 할 수 있는데, 분홍색 기질이 많은 사람이라면 인생의 어느 때든 이 지점을 꼭 만날 거예요.

다음으로 두 번째는 소중한 사람에게 불편함에 대한 의사를 3회 이상 전달할 것. 내 마을에 들어온 사람이라고 해도 완전히 꼭 맞을 순 없는 법이니까요.

서로 어떤 부분을 힘들어하는지 말하지 않으면 모르는 거잖아요. 그러니까 알고도 계속 무례한 사람과 몰라서 무지한 사람은 다르다는 것. 그걸 인지하면 많은 변화가 생겨요. 처음엔 흥분한 염소 소리로 나오던 목소리가 차츰 알맞은 울림과 박자를 찾아가고, 하면 할수록 '나는 기분 나빴다'는 감정이 아닌 '나는 이런 부분이 불편한 사람'이라는 내용에 초점을 맞출 수 있게 되거든요.

첫눈에는 약자'처럼' 보이지만 겪으면 겪을수록 드높고 단단한 내벽을 가진 사람, 그 엄청난 내공으로 결국 큰일을 해내는 사람. **분홍색 분위기 미인**입니다.

제8장

단호하고 기품 있는,
검은색 분위기 미인

캐릭터 소개

김영진

그녀의 소신 "정도를 걸어갑니다"

검은색은 힘과 영향력을 상징한다. 따라서 검은색 차는 동일한 크기의 다른 색 차들보다 훨씬 크고 당당하고 권위적인 아우라를 내뿜는다. 그래서 우아하면서도 실용적이고, 동시에 세련된 멋도 풍기는 차를 소유하고 싶어 하는 사람들이 주로 검은색 차를 선택하는 것이다. 이런 사람들은 눈에 띄는 화려한 색으로 시선을 끌기보다는 검은색으로 진지하고 명료하며, 단정하고 기품이 넘치는 자아를 표현하고 싶어 한다.

— 책 『취향의 심리학』 중에서

카리스마란 무엇인가

"검정은 시크하고 카리스마가 넘치는 색상으로 그 어떤 색과도 궁합이 잘 맞는다."라고 개방형 국어사전인 우리말샘에 적혀 있어요. 누군가가 적었을 테고 전문가가 감수했겠죠. 그리고 검은색 분위기 미인을 한 방에 표현할 만한 문장을 찾고 있던 제 눈에 띄었고, 이 자리에까지 옮겨져 왔네요.

솔직히 얼마 전까지만 해도, 저는 저 말에 반만 동의했어요. '검정이 시크하고 카리스마 넘치는 건 완전 인정!'이라고 생각했지만, '어떤 색과도 궁합이 잘 맞는다고?' 하면서 이마에 내 천川 자를 진하게 그렸답니다. 그에 관해서 설명을 덧붙이자면, 언젠가 '자기 확신이 있는 사람들의 7가지 특징'이란 칼럼을 읽은 일이 있는데, 항목 하나하나마다 몇몇 지인들이 떠오르면서 동시에 썩 유쾌하지 않은 기분이 들었어요. 그들은 대개가 검은색이라 할 만한 사람들이었는데, 살살해도 될 말을 험악하게 노려보며 한다든가, 넘어가도 될 법한 일도 기어이 지

적어서 분란을 일으키거든요. '가만 보면 말이야. 심심찮게 분위기를 시커멓게 죽여 버리던데, 자기네들은 그럴 수 있으며 그래도 되는 사람들이란 일종의 우월감 같은 게 있는 거 아니야?' 네, 저 같은 겁보 입장에선 그런 생각을 안 할 수 없었어요.

제가 숫자 7을 좋아하거든요. 그래서인지 앞서 말한 그들의 7가지 특징 중에서 7번 항목을 괜히 더 유심히 보게 된 거예요. '7번 : 그들은 감정적으로 독립적이다.' 그에 따르는 뒷받침 문장은 이러해요. 타인의 거절이나 무관심을 용인할 수 있으며, 인정받는 것에 연연하지 않고, 양심에 반하는 행동은 절대 하지 않는다는 겁니다. 이런 태도의 근간은 자기 신념이 단단하기 때문이라네요. 역시나 제 입장에선 계속 미심쩍었죠. '아무리 그래도 그렇지, 사람인데 어떻게 그렇게까지?' 하며 쓴 침을 삼켰어요. 그러다 실화를 바탕으로 한 영화 〈에린 브로코비치〉를 보고 나서, 호떡 뒤집듯이 생각을 홀랑 바꿔 먹었습니다. '아, 검은색의 태도는 현실 세계에서도 충분히 가능한 것이구나' 하고요.

그 영화는 대기업 피지앤이PG&E와 맞서 싸우는 변호사 사무소 직원에 관한 이야기예요. 영화의 시작은 이렇습니다. 입사 면접에서 열심히 자기 피력을 하는 에린 브로코비치줄리아 로버츠가 등장합니다. 그녀는 어느 지역의 미인 대회 출신으로 당차고 아름답지만 채용될 가망이 거의 없는 처지예요. 고졸에다가 두 번의 이혼으로 남겨진 애가 셋이거든요. 전남편들은 코빼기도 안 비치는 상태고요. 영화의 전반부에서 그녀의 성향을 보여주는 장면이 나옵니다. 어느 날 교통사고가 났고, 지역 변호사에게 '두둑하게 챙겨 받을 수 있을 것'이라는 장담을 들었으나, 무참히 패소한 상황이었어요. 변호사에게 속았다고 생각한 에린은 변호사 사무실로 여러 번 전화를 했으나 연결되지 않았어요. 결국 에린은 변호사 사무실에 찾아갔죠. 그리고 거기 있는 사람들이 전부 들어야 한다는 듯이 소리쳤어요. "메시지를 남겼는데 전화를 안 하시더군요." 곤란해진 변호사가 중얼거리는 수준으로 미안하다고 사과합니다.

거기다 대고 에린은 단숨에 세 가지를 선언해 버려요. 첫째, 나는 동정 말고 월급이 필요하다. 둘째, 나는 똑똑하고 근면하고 뭐든지 잘한다. 셋째, 고로 일 안 주면 *(여기서)* 안 나가겠다. 그다음 장면이 압권인데요, 카메라가 주변을 둘러보며 일순 조용해진 공기의 질감을 담아낸 뒤, 에린을 클로즈업해요. 그녀가 좀 전과는 다른 톤으로 속삭입니다. "비참하게 하지 말아요. 일 못하면 해고하세요. 애원하게 하지 마세요." 너무나 검은색다운 부탁이지 않나요? 그녀에게서 믿음직함과 솔직함을 동시에 봐버린 변호사는 비실 웃으며 대답해 줍니다. "보험 혜택은 없어요." 그렇게 따낸 변호사 사무실 보조 자리로, 이후 그녀가 얼마나 대단한 업적을 달성하게 되는지에 대해서라면…… 말을 아끼겠어요. 다만 제가 지금부터 얘기하려는 검은색 그녀의 '카리스마'를 시각적으로 생생하게 목격할 순 있을 것이다, 그 말씀은 꼭 드리고 싶네요.

검은색 그녀의 주장은 당장에는 싫은 소리로 비칠 수 있으나, 결국엔 그 소리가 옳은 소리였음이 밝혀지게 마련입니다. 검은색 그녀는 할 수 없이 그 시차를 견뎌야 하는 처지로 살게 되지만, 그 또한 본인이 옳다고 믿는 것을 위한 대가 지불로 받아들여요. 그러한 수용적인 태도까지 더해졌을 때, 비로소 온몸 전체로 강렬하게 뿜어내는 기운인 '카리스마Charisma'가 형성되는 거고요. 카리스마는 다른 사람을 매료시켜서 영향을 끼치는 능력을 말해요. 이 단어는 재능과

신의 축복을 뜻하는 그리스어Kharisma로부터 유래했다고 합니다. 카리스마를 발휘해서 역사를 바꾼 세계적인 인물이 여럿 떠오르죠? 그렇지만 여전히 현실감이 떨어지는 건 사실이에요.

카리스마를 다르게 말하면 '폭풍' 같은 거니까, 바람의 세기에 따라 구분해 보면 어떨까요? 1단계 고요, 2단계 실바람, 3단계 남실바람, 4단계 산들바람, 5단계 건들바람, 6단계 흔들바람, 7단계 된바람, 8단계 센바람, 9단계 큰바람, 10단계 큰센바람, 11단계 노대바람, 12단계 왕바람, 13단계 싹쓸바람, 여기까집니다. 어때요? '이렇게 바라보니 내 주변에도 숨은 고수들이 꽤나 있었군!' 싶지 않나요?

이번 이야기의 주인공인 김영진도 현실적으로 만날 수 있는 카리스마적 인물입니다. 그녀는 옳은 것을 외면하지 않으며, 그에 부합하는 원칙을 소중히 여기는 사람이에요. 하지만 그렇게 만만하게 살던 중에 '최고로 소중히 여기는 뭔가'가 위태로워진다면? 그럴 때 그녀가 겪는 내적갈등이 어떤 것인지 이번 이야기를 통해서 포착해 보세요. 단호하고 기품 있는 그녀, 〈검은색 분위기 미인, 김영진〉의 이야기를 시작하겠습니다.

검은색 분위기 미인,
김영진
(영화 영榮, 베풀 진陳)

"정도(正道)를 걸어갑니다"

남편이 변했다. 바람은 아니다. 하지만 변했다. 분명히 변했다. 연애하는 2년 동안 매일같이 만났고, 결혼해서 함께 산 지도 만 3년이 넘어가니까 도합 5년이면 지겨워질 때가 된 걸까. 애완동물도 아이도 없는 절간 같은 집에서 둘이서만 붙어살다 보니, 그래, 권태기 같은 게 올 수도 있지 하고 짐작했다. 아침저녁으로 무감정한 남편의 얼굴을 보는 건 고역이었다. 거실 벽면에 걸린 결혼사진 속 남편의 얼굴과 대비되어 사태의 심각성을 더욱 의식하게 됐다.

  연애 때도 살뜰한 남자는 아니었다. 세심하고 자상하고 로맨틱하고 이런 것과는 거리가 있었다. 경상도 남자라서 그런가? 큼직큼직하게 느끼는 감정에조차 적당한 이름을 붙이지 못하는 편이었다. 하지만 진솔했다. 허세 떨기, 부풀리기, 척하기 같은 게 없었다. 김영진이 바로 위에 선배의 지능적인 사내 정치 때문에 갈증과 허기를 달고 살던 때에, '진짜 싫어. 제일 싫어. 저런 인간들.' 이러면서 치를 떨고, 악에 받쳐서 먹고 마시고, 열을 내며 울다가 잠들었던 때에 남편을 알게 됐다. 그는 뭐랄까, 무채색 스타일을 고수하는, 체구에 어울리지 않게 사뿐사뿐한 자세로 걷는, 결정적인 순간에 힘을 잔뜩 주어 매무새를 단장하는, 담백하고 단단한 남자였다.

  게다가 말수도 매우 적었다. 주로 "어", "응", "아"와 같이 짧은 대답을 선호했는데 김영진은 남편의 진위를 용케 알아챘다. 근엄하게 도장 찍을 때 나오는 "어"인지, 영화 보다가 다음 장면 궁금할 때 나오는 "어"인지, 귀여움을 떨려다가 실패한 "어"인지를 말이다. 그다음은 쉬웠다. 목울대 언저리에서 대기하던 여러 말들 중에 그 방향의 말을 골라 시원하게 쏟아냈다. 어쩌다 가끔 남편의 말문이 터지는 날이면, 김영진은 반갑고 시린 눈을 하고서 입까지 살짝 벌렸다. 아플지 좋을지 모르지만 절대 다치지는 않을 펀치를 제대로 한 대 맞는 그 기분을 김영진은 좋아했다.

남편이 변한 게 언제부터였더라? 여러 장면들을 떠올리며 손가락을 접어봤다. 이 따위 것이나 세게 하는 남편이 야속했지만 날짜 세는 걸 멈추지는 않았다. 마지막으로 남편이 머리칼을 쓸어준 날이 오늘로부터 136일 전이었다. 그날은 목요일이었고 요리 당번이 남편이었다. 저녁으로 김치찌개를 먹었고 드라마를 보다가 거실에서 잠들었다. 그뿐이었다. 남편이 변한 시점이 정확히 그 지점인지는 확신할 수 없었지만, 그날 후로 오늘까지 김영진의 머리칼에 손길을 주지 않은 것은 사실이었다.

_____ **수요일 18:50**

조금 전 김영진은 대로변에서 남편을 보았다. 아침에 단단히 메고 나간 실크 타이를 살짝 풀어헤치면서 편의점 건물로 들어갔다. 남편이 계단을 오를 때마다 창문으로 머리통이 보였다가 사라졌다. 때마침 노을빛을 받은 남편의 머리카락이 밝고 화사했다. 남편은 3층 다음에서 사라졌다. 남편의 목적지인 4층 '황실 중국 마사지' 간판이 보였다. 간판에는 기타 구구절절한 설명은 없었고 '예약문의 000-000-0000'만 적혀 있었다. 김영진은 쥐고 있던 주먹을 펴고 손목을 꺾어 시계를 봤다. 시곗바늘이 19시 정각을 향하고 있었다. 엄밀히 말하면 밤이 아니라 저녁이었다.

김영진의 머릿속에 몇 가지 질문이 빠르게 회전했다. 첫째, *(생각하기 싫지만)* 퇴폐 영업도 하는 곳인가? 둘째, 남편이 오늘 야근을 한다고 말했었나?*(거짓말을 한 것인가 아닌가가 중요했다.)* 셋째, 나오는 시간까지 기다릴까?*(시간이 얼마나 소요되는지 직접 확인하고 싶은 생각과 직접 물어보자는 생각이 다투는 중이었다.)*

결국 김영진은 곧장 집으로 갔다. 현관 왼쪽 벽에 붙은 실내 온도계가 27도를 가리키고 있었다. 에어컨을 '약함'과 '쾌적'에 맞춰 틀었다. 실내는 당연히 금방 쾌적해지지 않았다. 김영진은 잘 걸렸다는 듯이 에어컨을 향해 "아이, 씨!" 하고 소리를 꽥 질렀다. 이내 발가락을 몇 번 꼼질대다가 몸을 확─ 돌려 소파로 갔다. 점점 차가워지는 가죽 시트 위에서 마지막 노을의 정기를 온몸으로 받아냈다. 어두워지기까지는 오래 걸리지 않았다. 김영진은 천천히 일어나서 옷을 바닥에 다 버려두고 욕실에 들어갔다. 욕조에 물을 받고 로즈 오일을 떨어뜨리면서 생각을 해봤다. 앞서 한 질문 중 확실한 답을 가진 건 2번뿐이었다. 아침에도, 오늘 자 핸드폰 메시지에도 야근한다는 말은 없었다. 나머지는? 떠올리는 것만으로도 기분이 상했다.

직면, 그것은 김영진의 무기였다. 잘하는 것이고 잘해 온 것이다. 그 때문에 잃은 것은 주로 사람이었고 얻은 것은 무수히 많았다. 인지력, 판단력, 용기, 현실감각과 그로 인한 성과까지 지금의 김영진을 만든 대부분은 거기서 얻었다. 이번에도 예외가 아니었다. 남편에게 직접 물어보자는 다소 터프한 결정을 끝으로 목욕을 시작했다.

김영진의 목욕 루틴은 생리를 시작한 열다섯에 형성되었다. 이후 17년째 한결같았다. 특별히 바쁜 일이 없으면 퇴근하자마자 했다. 오늘같이 열 받는 날, 몸이 기억하는 대로 따르다 보면 머리가 비워졌다. 뜨거운 물에 몸을 담가 약간 숨이 차다 싶을 때부터 양 백 마리를 셌다. "…… 98, 99, 100, 땡!" 이제 못 참겠다는 듯 일어나서 물 온도를 차갑게 한 뒤 샤워기로 온몸을 마사지했다. 묵은 근육통이 사라지면 몸에는 비누 거품을, 머리카락에는 트리트먼트를 잔뜩 묻혔다. 그리고 욕조와 세면대에 낀 물때를 건성건성 닦아냈다. 청소가 목적이라기보다는 트리트먼트 효능을 위해 시간을 버는 쪽에 가까웠다. 몇 번 진중한 손끝으로 머리카락 끝을 살짝 잡아당기다가 "됐어" 하고는 미지근한 물로 헹궈냈다. 양치와 세수까지 마치면 바짝 마른 수건으로 몸의 물기를 없애버리는 수준으로 닦아내고 욕실을 나왔다.

양 발가락 사이의 물기를 촘촘히 닦아내고 허리를 펴며 벽시계를 봤다. 분침이 40분을 향하고 있었다. 휴대폰 액정을 터치해봤다. 같은 숫자가 보였다. 새로운 메시지는 없었다. 그렇다면 남편은 20분 후쯤 올 것이다. 김영진은 벗어둔 옷가지를 세탁 바구니에 던져두고 리넨 소재의 크림색 원피스를 걸쳤다. 목욕으로 붉어진 얼굴과 목이 도드라져 보였다. 거울 가까이로 다가섰다. 얼굴선이 조금 퍼져 보였다. 김영진의 시선이 화장대 위에 놓인 하이라이트 스틱에 머물렀다. 요즘처럼 체중이 살짝 붙는 때에 쓰는 제품이다. 김영진이 직접 만든 것이기도 하다.

화장품을 만드는 일이 김영진의 적성이라고 할 순 없었지만 이곳의 조직문화와는 맞았다. 주인 의식을 강조하면서 의무와 애정만 요구하는 여타 회사와 달리 '내 제품을 내가' 만들어 살리고 띄우면 확실한 보상이 있었다. 직급은 존재했지만 일선에서 물러나 입으로만 부리는 중간관리자 역할은 없었다. 시장에서 실패한 제품이라도 연구원 판단에 따라 끝까지 밀어붙일 수 있는 결정권도 주어졌다. 제품 라인에 따라 자유롭게 팀을 꾸릴 수도 있었는데, 한 계절 동안 해당 제품의 흥망성쇠를 함께 느끼는 것도 김영진에게는 즐거운 작업이었다. 월급 받는 사람이 현실적으로 이 정도 주도권을 누리기란 쉽지 않다는 걸 김영진은 잘 알았고 잘 활용했다. 누구보다 발빠르게 움직이는 일과를 보내고는 정확한 시간에 "내일 뵙겠습니다." 하며 연구실을 빠져나갔다. 남편이 있는 집을 향해 열심히 달렸다. 엘리베이터를, 로비를, 지하철을, 계단을 빨리 통과했다. 종일 앉아만 있다가 혈액순환이 되어서인지, 일을 끝냈다는 홀가분함 때문인지, 안락과 휴식을 향한 기대 효과 덕분인지는 몰라도 발을 구를 때마다 김영진의 얼굴 위로 반짝이는 진주 펄이 와르르 쏟아지는 것 같았다. 가능하다면 사진 한 장 찍어두고 싶을 만큼 예뻤다. 하지만 언제부터인가 저녁 식사 시간도 김영진의 발걸음도 함께 늦어지고 느려졌다. 1시간씩, 2시간씩 늦어지니까 국이 식고, 면은 붇고, 볶음은 한 번 더 볶느라 짜졌다. 일주일 전에 김영진이 남편에게 제안했다. "솔직히 맛없지? 시간을 정하자. 늦어도 8시! 더 늦을 것 같으면 5시까지 카톡 주고!"

김영진은 어제 온라인 마켓에서 주문한 소불고기 팩을 뜯어 팬에 올리고, 빠른 손으로 대파, 양파, 고추, 버섯을 썰어서 투하할 준비를 마쳤다. 김치냉장고에서 새 김치 한 포기를 꺼내고, 압력솥에 쌀밥을 안쳤다. 불 조절과 볶기를 하는 동시에 쌈 야채를 두 번씩 씻어냈다. 오이랑 당근도 먹기 좋은 스틱 모양으로 잘라뒀다. 한숨 돌리는 얼굴로 주방을 쓱 둘러보다가 '아차' 하며 가래떡을 꺼내와 급하게 해동했다. 남편이 좋아하는 건데 잊을 뻔했다. 다행히 아직 국물이 넉넉해서 가래떡에 간이 밸 것 같아 안도하면서 동시에 울컥했다. 떡 먹다가 체하는 거 아니야? 후, 김영진은 숨을 몰아쉬었다. 저녁을 먹으며 남편에게 실컷 떠들던 시절이 그리웠다. 오늘 뭘 이루었는지, 완성도가 얼마나 대단했는지에 대해서. 남편은 몰라도 자기는 잘 아는 디테일에 대해서. 말하고 또 말했다. 그러면 남편은 재롱 피우는 강아지의 털을 쓸어주듯 김영진의 머리칼을 넘겨주었다. 아, 머리칼의 세계와 마사지의 세계는 너무 멀지 않나? 거기에서 거기로 훌쩍 가버리는 건 좀 비현실적이지 않나? 김영진은 자신의 감정이 울렁거리는 걸 경계했다. '생각을 그만하자, 그만하자, 직접 물어보자, 물어보자.' 하며 꼿꼿이 선 채로 부지런히 주걱을 놀렸다. 팬의 전체적인 그림이 잘박잘박하게 그려졌을 때, 현관에서 소리가 났다. 남편이었다.

한 시간 전의 김영진처럼 남편도 익숙한 루틴으로 움직였다. "왔어?" 하고 김영진이 묻는 말에 남편은 "응"이라고 간단히 답한 뒤 옷을 갈아입고, 손을 씻고, 수저를 챙겼다. 평소와 다른 점이 있었다면 라디오 소리가 들리지 않았다. 마지막 정리를 마친 김영진이 자리에 앉았고, 남편은 "잘 먹을게" 하며 수저를 들었다. 김영진은 식사를 마치고 이야기할지 지금 이야기할지 생각하면서 당근을 아작 씹었다. 역시 직진을 택했다.

"아까 당신 봤어. 사거리 편의점 앞에서."

밥을 한 술 뜨고 젓가락을 들어 올리려던 남편의 손이 멈췄다.

"당신한테 직접 듣고 싶어. 말해 줘."

남편은 아무 말도 못 했다.

"괜찮아. 우선은 알고 싶어. 말해 줘."

머뭇거리던 남편이 자리에서 일어나 화장실로 갔다. 물 내리는 소리와 물 트는 소리가 연달아 들렸다. 곧이어 남편은 건조한 양손을 슥슥 비비는 소리와 함께 의자에 앉았다.

"뭘 말하라는 거야?"

남편이 생각해 봤는데 영 모르겠다는 얼굴로 물어왔다.

"거기, 무슨 용무로 간 건지 묻는 거잖아!"

김영진은 최대한 비아냥을 걷어 내고 말하려고 애쓰는 듯했다.

"그런 거 아니야, 여기……."

이제야 알겠다는 듯, 남편이 자기 핸드폰을 내밀었을 때 김영진은 기가 막혔다. 왜 남편 핸드폰이나 들춰보는 한심한 여자를 만드는데? 대화를 하자는데 왜 상황을 이런 식으로 만들어? 목욕할 때 양 백 마리를 셌을 때와 같이 '땡' 하는 자세로 벌떡 일어나고 싶었다. 그러나 김영진은 침을 꿀떡 삼키는 것으로 분풀이를 끝냈다. 한심한 여자 타령은 이 문제를 푸는 데 하등 도움이 되지 않을 터였다. 그래, 사실 확인이 먼저라는 생각으로 핸드폰을 받아 들었다.

잠금 번호 같은 건 없었다. 이 상황과 전혀 어울리지 않는 '작년의 김영진'이 핸드폰 화면 속에서 활짝 웃고 있을 뿐이었다. 그걸 본 김영진은 어쩔 수 없이 화가 조금 수그러들었다. "뭐, 그다음 뭐?" 김영진이 뭘 누르면 되느냐는 말을 그렇게 투덜대며 했다. 그때였다. 김영진의 손에서 드르륵 진동음이 울렸다. 핸드폰 화면에 빨간색 알림이 떴다가 사라졌다. 이것은 남편의 핸드폰이지만 현재는 공동 열람권이 주어진 상태였다. 순간적으로 화면을 터치하려던 김영진이 멈칫, "당신이 봐" 하며 핸드폰을 돌려줬다. 남편은 결백을 주장하는 피고인처럼 양손을 절레절레 저으며 사양했다. 김영진은 살짝 비어져 나오는 웃음을 깨물며 "그-래. 그럼 본다!" 했다.

「영진 남편님, 첫 방문 기념 - 스페셜 60분(어깨 결림에 좋은 코스) 할인쿠폰입니다. 사용 기간 : 08. 05.(목) ~ 08. 18.(수) 오전 10시 30분 ~ 밤 9시 사용 가능합니다.」

"아이디가 이게 뭐냐, 촌스럽게…" 김영진이 핸드폰을 내려놓은 빈손이 민망한 듯 투덜거렸다. 김영진의 말대로 남편은 촌스러운 사람이었다. 사소한 것 하나도 뻥치는 법을 몰랐다. 있는 그대로 다 보이고 다 들키는 사람, 어차피 다 드러나지만 가끔은 듣고도 싶은데 그걸 못해서 화나게 하는 사람, 화를 내면 입을 꾹 다물어 버리는 사람, 김영진이 다다다다 열을 내는 동안에 비죽비죽 진심을 들켜서 어이없게 하는 사람, 그렇게 김영진을 웃기는 사람, 남편이었다.

"당신 나랑 사는 거 많이 힘들어?"

남편은 대뜸 그렇게 물어왔다.

"무슨 뜻이야?"

김영진이 슬며시 몸을 기울이며 되물었다. 남편은 물을 마신 뒤, 촉촉해진 입술을 혀로 한 번 핥아 침을 발랐다. 그리고 양쪽 입가를 쭉 늘려 입술로 일(—)자를 만드는 스트레칭을 했다. 중요한 소릴 하겠다는 거다.

"몇 달 전에 장모님이 이직을 말씀하셨어. 삼촌께 추천서를 부탁할 참이라고 전화로 알려 오셨는데."

거기까지만 듣고도 김영진의 눈에 상황이 보였다. 김영진의 가슴으로 우르르 쾅쾅 먹구름이 몰려왔다.

"응, 그래, 계속 얘길 해봐!"

아차, 그냥 잠시 기다릴걸. 재촉해 버렸다고 김영진은 생각했다.

"솔직히 욕심나더라. 연봉이 삼천이나 차이 나는데 곧바로 '싫습니다' 할 놈이 몇이나 되겠어. 그리고 우리 장모님 어디 가서 아쉬운 소리 하시는 분 아니잖아. 웬만하면 옮기자 생각했지. 당신 장모님 일에 예민하니까 지금 회사에서 하는 일 정리 좀 되면 말하려고 했어. 근데……."

그 말을 하는 남편의 눈 속에도 비바람과 천둥 번개가 치고 있었다. 김영진은 당근을 아삭 썹었다. 이 스산한 공기를 환기하기 위해서였다.

"떠나려고 보니까 알겠는 거야. 여기가 아닌 다른 곳에 있는 나를 생각해 본 적이 없다는 걸. 물론 작은 회사고 앞으로 어떻게 될지 장래도 불투명하지만, 내가 여길 좋아했다는 걸 깨달았어. 뭐랄까, 내가 필요한 사람이 된 것 같거든. 그 필요가 소모되고 닳아서 없어지는 그런 필요가 아니라, 누군가의 맞춤형 양복 같은 필요, 능력 좋고 대단한 놈들 많지만 꼭 나 같은 놈을 필요로 하는 곳이라서 좋았어. 그런데 여길 떠나려니까 너무 아픈 거야. 여기가."

남편이 큰 손으로 수줍게 가슴 언저리를 가리켰다.

"그런데 장모님 말씀도 맞으니까. 당신같이 똑똑하고 멋진 여자랑 함께 살기로 했으면 나도 도움이 되어야 하는데, 그러질 못하고 있으니까. 그건 맞으니까. 나 하나 좋자고 이 좋은 기회를 놓칠 순 없으니까. 곧 마음 정리하고 말하려고 했어."

"여보야."

김영진이 아주 가끔 꺼내는 애칭으로 남편을 불렀다.

"응?"

남편이 고개를 들었다.

"나도 생각해 봤는데……."

김영진이 또 안 하던 짓을 했다. 말끝을 흐리며 뜸을 들였다.

"우리 이 집 내놓을까?"

이 집이란 은행 대출 한 푼 없이 깨끗한 스물다섯 평형 아파트를 말했다. 실소유주는 김영진의 엄마, 남편의 장모, 그러니까 황 여사였다. 그녀로 말할 것 같으면 아버지 장례를 치른 후부터 자수성가의 인생을 걸어오신 분, 반백 살이 넘었어도 여전히 찰랑거리는 긴 머리를 자랑하는 분, 최근 연애도 시작하셨으나 여전히 아들딸에게 집착을 버리지 못하는 한결같은 분이었다.

"당신, 우리 엄마 때문에 힘들지? 딴 데로 이사가 버리자, 우리!"

사랑 하나 믿고 야반도주를 결심하는 스무 살 풋내기의 무구한 얼굴로 김영진이 웃었다. 심각하긴 한데, 웃음이 났다. 남편도 슬쩍 따라 웃었다. 장모님 안 계신 곳에서 살 생각은 한 번도 못 해봤는데 꽤 괜찮을 것 같았다.

"그럴까?"

"응, 그러자."

"장모님께 돌려 드리자."

"그래! 까짓것, 벌어서 갚자. 내일 당장 신혼부부 대출부터 알아볼게."

결정은 의외로 빨리 났다. 문제의 원인은 딴 데 있었고 거길 함께 바라보는 것으로 해결이 시작되었다.

_____ **3년 전**

언젠가 남편의 후배가 김영진에게 "형수님은 언제 형님이라는 확신이 왔습니까?" 하고 물어왔다. 그래, 이 남자라는 확신이 강력하게 왔던 날이 있었지. 그 '확신의 날'을 떠올리면 머릿속이 소란스러워졌다. 들뜨고, 즐겁고, 슬프고, 아프고 또 먹먹하기까지 하면서 아주 난리가 났다. 살면서 그렇게까지 복합적인 감정을 다시 느낄 수 있을까, 그런 생각을 줄곧 해왔다. 그때까지만 해도 김영진에게 확신이란, 어느 날 저절로 오는 게 아니라 어떤 날 작정하고 가지는 거였다. 김영진의 인생 항로는 대체로 '열심히'라는 입구로 들어서서 '만족스러운'이라는 출구로 빠져나왔다. 그 결과로 원하는 대학에 입학했고 근사한 직장에 취직했다. 다음 수순은 괜찮은 결혼이라고들 했다.

당시 김영진이 사귀던 남자친구가 지금의 남편이었는데, 황 여사는 그 사실은 아랑곳하지 않고 여러 선 자리를 마련했다. 황 여사는 김영진의 엄마가 사별 이후에 얻은 호칭이다. 그때부터 황 여사는 초와 분을 정밀하게 따지며 집안일과 바깥일을 차곡차곡 해냈다. 남의 손에 일을 못 맡기는 성미 때문에 장사가 사업이 되지는 못했지만, 아들딸에게 세상 좋은 것들 다 먹이고 입히고 가르치며 살 만큼은 충분히 벌었다. 매일 밤 열 시가 되면 어김없이 황 여사의 불호령이 떨어졌다. 잘못한 게 분명할 때도 있었고 딱히 없을 때도 있었는데, 무조건 그 시간만 되면 대차게 혼이 났다. 아주 어릴 적엔 무서워서 울기만 했고, 조금 크고 나서는 항의도 해봤지만, 사회생활을 한 이후로는 황 여사를 약간은 이해할 수 있게 되었다. 아침부터 밤까지 매시간 집약적으로 성실하면서 성숙하기란 얼마나 어려운 일인가 하고 말이다. 그렇다고 황 여사가 좋아진 건 아니었다. 김영진에게 황 여사는 참 감사하고 또 감사한 분, 그러니까 가능한 그 은혜를 평생 갚으며 살아가겠지만, 아무래도 다정해지기는 힘들 것 같은 분이었다.

그 '확신의 날'이 온 건 사회생활은 이런 거구나 하고 조금씩 알아가던 때였다. "이거 충분히 한 거죠?" 그날 오후에 선임 연구원이 김영진에게 툭 던진 말이었다. 이번에 출시될 쿠션 제품의 최종 개발단계였고, 김영진을 포함한 3명이 인체 시험 테스트에 참여해서 연구 노트를 제출했는데, 그는 김영진을 은근히 쳐다보며 그렇게 말했다. 평소 김영진이 최악이라고 생각하는 인간 군상의 모습이었다. 결과물에 부족한 부분이 있으면 구체적으로 짚어 주든가, 평가를 할 거면 기준을 제시하고 점수만 매기든가 하면 될 것이지, 애매하고 모호하게 사람을 깎아내리는 식의 화법을 쓰는 사람들. 비열하다고 생각해 왔다.

그래도 좀 참았어야 했는데 못 참고 "충분치 않다고 생각하는 걸 제가 왜 제출했겠어요?" 하며 1차로 받아쳤다. 그리고 "연구원님" 하고 다시 불러서 "저흴 제대로 부려야 연구원님 성과에도 보탬이 될 텐데, 그런 자세론 좀 곤란하시지 않겠어요?"라고 2차 펀치를 날렸다. 속 시원한 사이다 같은 발언이긴 했지만 잘했다고 볼 수는 없었다. 역시 좀 참았어야 했다.

구린 기분으로 가방을 싸서 연구실을 빠져나왔고, 마침 눈앞에 선 택시를 잡아탔다. 그런데 아무리 장마철이라도 그렇지, 눅눅하고 퀴퀴한 냄새가 코를 찔렀다. 순간적으로 다시 내릴까? 진지하게 고민됐지만, 날이 날인 만큼 잠깐 참기로 마음먹고 목적지를 말했다. 그런데 택시 기사가 "아가씨, 반대 방향이잖아?" 하면서 반말로 핀잔을 주는 것이 아닌가. 또 내릴까? 싶었지만 심신이 매우 지친 관계로 하체를 움직일 엄두가 나지 않아서, 그냥 이어폰을 끼고 눈을 감았다.

한참이 지난 것 같았다. 어쩐지 싸한 기분에 눈을 떴는데 동부간선도로로 빙 돌아가고 있었다. "기사님, 어디 가시는 거예요?" 김영진이 물었고, "광산사거리 쪽이라며? 지금 가고 있잖아." 택시 기사가 역정을 냈다. "지금 저랑 드라이브하세요?" 김영진이 또 물었고 "젊은 아가씨가 말 싸가지가 뭐 그래?" 택시기사가 소릴 질렀다. "됐고요, 요금 만 오천 원 넘으면 저는 못 내요." 김영진이 제안했고 "이게 진짜 보자 보자 하니까?" 백미러에 비친 택시 기사의 눈빛이 사납게 변하더니 "그래, 이년아. 드라이브 좋지!" 하며 핸들을 꺾어 옆길로 빠졌다. 김영진의 심장이 거세게 두방망이질 쳤고, 뉴스에서 본 끔찍한 납치사건들이 떠올랐다.

일단은 말투를 순하게 누그러뜨려 "어디 가시는 거예요?" 한 번 더 물었다. 택시 기사가 어딘지 말해 줄 거라고 기대한 건 아니었고 흥분한 상태인지 아닌지 알고 싶어서였다. 그도 여기가 어딘지 궁금했는지 창밖을 슬쩍 내다봤다. 그때였다. 김영진이 퍼뜩 핸드폰에 112번을 눌러 영상통화를 연결했다. "납치되고 있어요. 살려주세요!"

그 시각, 경찰서에 김영진의 보호자 자격으로 오게 된 게 지금의 남편이었다. 김영진이 본능적으로 황 여사가 아닌 남편을 부른 것이다. 경찰서에 도착한 남편은 얼른 김영진에게 직진해 와서 어깨를 감싸며 말했다. "괜찮아. 이제 됐어." 그날 종일 들은 말들과는 완전히 결이 다른 말이었다. 왈칵 목이 메었다. 그 순간 김영진은 난생처음으로, 아무런 두려움 없이 자신을 온전히 내맡기는 경험을 한 것이다. 동시에 함께할 미래가 선명하게 그려졌다. 결혼하는 사람들이 말하는 '확신'이란 게 바로 이런 거구나, 알게 됐다.

■ 나는 직설적이다. '성질이 못돼먹어서 그렇다'라는 부분은 나도 어느 정도 인정하지만, 그보다는 내 속만 편하고자 안이함을 선택했을 때의 구린 기분이 더 싫어서다. 하지만 꽤 괜찮은 직설을 하기란 아주 어려운 일이다. 그러기 위해서 필요한 건 평정심을 유지하는 것. 그것이 앞으로의 내 인생에서 가장 큰 과제가 아닌가 싶다. 열심히 달린 후에 '탁' 하고 내려놓고 회복하는 시간을 꼭 가질 것. 까먹지 말고 잘 기억하며 살자. 그런 의미에서 오늘 저녁은 뭘 먹으면 좋을까?

지도력

검은색 그녀라면 학창 시절에 반장이나 부반장, 나아가 전교 회장, 부회장을 역임했을 거예요. 매번 작정하고 그 자릴 노렸다기보다는 어느새 그렇게 되는 분위기로 흘러가요. 그 이유는 새 학년, 새 학기의 어수선한 상황에다가 질서를 부여하는 역할을 도맡기 때문입니다. 이를테면 아침 시간 환기를 위해 창문을 활짝 열어젖히기, 이번 달이 생일인 친구들 명단을 학급 게시판에 고지하기, 체육 시간에 마지막으로 교실을 뜨면서 문단속 확실히 챙기기 같은 일이지요. 그런 검은색 그녀를 보는 시선은 다양합니다. '쟤는 뭔데 저렇게 나대냐'며 눈꼴사나워하는 친구도 있고, '일방적'이라며 대놓고 불평하는 친구도 있어요. 하지만 대다수는 갈팡질팡하던 시선을 검은색 그녀에게 고정하면서부터 이상한 안도감을 느껴요. 왜냐하면 검은색 그녀가 앞장서서 만든 질서에는 인간의 행복감을 더하는 본질적인 매력이 있거든요.

이러한 지도자적인 기질을 가진 검은색 그녀가 일생 동안 주력하는 건 '문제 해결'이에요. 문제 중에서도 기왕이면 '폼 나는 문제'를 좋아하고요. 그 문제를 푸는 과정에서 때론 불같았다가, 때론 냉랭했다가, 때론 다정했다가 하는 태도 변경에 능숙해요. 그러다 껄끄러운 상황이 발생한다 해도 끝까지 당당해요. 자기가 풀려는 문제가 자기만 위한 게 아니란 걸 잘 아니까요. 이처럼 어마어마한 자기 신뢰감이 바탕에 깔린 사람, 그 힘으로 사람들을 끌어모아서 결국 멋진 일을 해내는 사람, 검은색 분위기 미인입니다.

여자가 봐도 예쁜 여자들

신뢰를 쌓아가는
연애

검은색을 만드는 방법에는 여러 가지가 있지만, 보편적으로 알려진 건 색의 삼원색인 빨강, 노랑, 파랑을 같은 비율로 섞는 방법입니다. 그렇게 만들어진 검은색은 주변의 빛을 죄다 흡수함으로써 장엄한 자태를 풍겨요. 바라보고 있으면 빨려 들어갈 것만 같은 두려움을 부르기도 하고요. 확실히 일건에 다가서기 쉬운 느낌은 아니죠. 하지만 겁먹지 않고 검은색 그녀와 가까워져 보면 알 수 있어요. 언제나 우뚝 서 있는 것 같지만 때론 빨강의 불같음으로 격한 분노를 터트리기도 하고, 때론 노랑의 오지랖으로 다분히 난처한 상황에 놓이기도 하고, 때론 파랑의 냉철함으로 앞뒤를 살피느라 여념이 없다는 것을요. 겉은 고요해 보이지만 실은 몸과 정신 모두 상당히 바쁜 사람이지요.

따라서 검은색 그녀의 마음을 얻고 싶다면 무던한 태도가 필요합니다. 연인 관계로 확정되는 데까지 얼마의 시간이 걸리든 상관없다는 자세로 멀찍이 서 있으면 됩니다. 그러면 어느 날인가 검은색 그녀가 훅 들어올 겁니다. 밥 한 끼하자거나, 차 한잔 혹은 술 한잔 어떠냐고 직접적으로 말할 거예요. 그때 상대는 왕비에게 간택된 듯한 묘한 승리감 같은 게 들어서 입을 실룩거리게 됩니다. 그리고 그날의 데이트는 분명 황홀할 거고요.

둘이 공식적인 연인이 되는 날부터 '신뢰라는 이름의 나무'가 싹을 틔우기 시작합니다. 이때 믿음과 신뢰의 차이점을 구분할 필요가 있는데요, 얼마 전에 읽은 글에서 훌륭한 문장을 발견했어요. "믿음이 깊어지면 사람이 바보가 될 수있다. 대부분 비이성적인 행동은 깊은 믿음에 뿌리를 두고 있다. 반면에 신뢰가 깊어지는 것은 인간적인 성숙을 동반한다. 신뢰를 쌓는 사건들의 반복을 통해 서로가 성장해 나가기 때문이다." 브런치에서 '에코타운'이라는 필명으로 활동하는 작가님의 문장인데요, 검은색 그녀가 관계를 바라보는 관점과 정확히 일치합니다. 쉽게 말해서 '사랑하니까 무조건 믿을게'가 아니라 '사랑한다면 정확히 보여줘'에 가까워요. 말한 것을 차곡차곡 행동으로 보여줄 때마다 '신뢰라는 이름의 나무'가 한 뼘씩 자라나는데, 그 나무에다가 쏟는 정성이 깊어질수록 둘의 사랑도 농익어 가요. 그리고 어느 날 둘은 평생 함께하기를 약속하는데요, 물론 그게 꼭 결혼의 꼴이 아닐 수는 있어요. 상황과 가치관에 따라서 장기 연애 혹은 동거일 수도 있겠죠.

중요한 건, 서로의 현실을 완전히 껴안아 줄 수 있겠다는 확신과 상대가 없는 인생은 무의미하다는 자각이 생긴 거죠. 그때부터는 조금씩 서로의 무게를 서로에게 내맡기는 경험을 하게 되는데요, 역설적이게도 온전히 내맡기기 위해서는 한층 더 단단한 자기중심성이 요구돼요. 각자의 중심을 더욱 딴딴하게 만들어야 마음 놓고 가벼워질 수 있다는 뜻이죠. 둘은 그 느낌을 즐기며 오래오래 함께합니다.

■ 검은색 그녀를 사랑한다면

첫째, 그녀는 두려움을 부르는 눈을 가졌어요. 처음 눈을 마주친 순간에 피하지 말고 딱 3초만 기다려 볼래요? 어떻게 두려움이 든든함으로 변하는지 알 수 있을 겁니다.

둘째, 그녀를 잘 살펴보면 자기 안의 원대한 이상을 좇느라 일상을 챙기지 못하는 때가 많을 거예요. 밥은 맛있게 먹었는지, 잠은 푹 잤는지 자주 물어봐 주세요.

셋째, 그녀는 자발적으로 여러 책임을 떠안는 사람이에요. 그래서 많이 고단할 거에요. 가끔은 그녀에게 의지할 구석을 마련해 주는 거 어떨까요?

넷째, 실수에 관대한 편입니다. '사람이 그릇이 크다는 게 이런 거구나' 하고 자주 느낄 거예요.

다섯째, 하지만 신뢰를 깨면 끝장입니다.

정도(正道)를
걸어갑니다

검은색 그녀에게 최고의 휴식은 무엇이 됐든 한계를 꼴깍하고 넘어가는 지점을 지나는 순간에 찾아와요. 학창 시절엔 시험 기간 끝자락에서 그 휴식을 즐겼고, 이후엔 정기적으로 그 기쁨을 즐기기 위해 운동을 해요. 종목은 크게 상관 안 하되, 짧은 시간 몰아붙인 다음 '탁' 하고 긴장을 풀어 버리는 고강도의 간헐적 운동 방식을 선호해요. 이처럼 격렬한 운동은 순간적으로 뇌의 활동을 도와 마치 대마초나 마약을 사용한 것처럼 강한 쾌감을 준다고 알려져 있죠. 검은색 그녀는 똑똑하고 합법적인 방법으로 그 기분을 즐기는 겁니다.

그렇게 뇌를 한번 환기하고 나면 일말의 주저함 없이 나아갈 수 있는 추진력이 생겨요. 하면 할수록 중심이 단단해지는 것 또한 빼놓을 수 없는 장점입니다. 검은색 그녀의 지치지 않는 끈기는 어디서부터 비롯되는 것이냐 묻는다면 '단단한 중심'으로부터 나온다고 답해 줄 수 있겠네요.

검은색 그녀는 '나는 뭘 해도 잘되는 사람'이라는 자부심을 갖고 살아가는데요. 그 자부에 힘입어 더욱더 노력하게 되고, 일정량 이상의 노력은 배신하는 법이 없고, 대체로 원하는 결과를 맛볼 수 있습니다. 하지만 인생은 꽤 공평한 게임이죠. 어느 날 검은색 그녀에게도 역경이 찾아옵니다. 어떤 상황이냐 하면, 상사에게 납득하기 어려운 이유로 혼이 난다거나, 자기 능력을 맘껏 발휘할 기회가 박탈된다거나, 그간 공부한 것이 현장에서 아무 쓸모가 없다는 허무감이 밀려온다거나 하는 상황이에요. 이 경우 검은색 그녀는 무한대의 자괴감 속으로 빠져들다가 이후에는 '억울해서 죽겠다는 이상한 병'에 걸려요. 누군가의 사소한 말 한마디에도 지나치게 억울하고요. 어딜 가도 피해자가 된 것처럼 화가 치밀어 올라요. 그렇게 내면에 화가 켜켜이 쌓이다 보니 방언 터지듯 여러 말들이 입 밖으로 쏟아지는 거예요. 그 말이 아무리 '옳은 소리'인들 묵힌 감정이 덕지덕지 붙어 있는 말이 고울 리가 없죠. 급기야 검은색 그녀는 주변인들에게 '불편한 사람'이 되고 맙니다.

하지만 검은색 그녀라면 그 문제를 오래 묵혀 두진 않을 겁니다. 이후 검은색 그녀가 찾은 해결책은 때때로 회색 지대에 머무르는 거예요. 과거에는 회색 지대를 '어서 풀어야 하는 문제' 혹은 '이도 저도 아닌 비겁함의 상징'이라고 바라봤다면, 지치지 않기 위해서는 회색 지대에 머무르며 멍 때리는 시간이 필요하다는 걸 실감하게 되는 거죠. 아무런 문제를 풀고 있지 않아도 전혀 문제 될 게 없으며, 그럼에도 자기 존재감이 사라지는 게 아니라는 실감 말이에요. 그렇게 회색 지대에 머물러 봐야 '더욱더 중요한 문제'가 뭔지 선명하게 보인다는 것도 알게 됐고요.

그리하여 한층 더 유기적인 문제를 거뜬히 풀어낼 수 있는 사람, 멋있게 나이 든다는 건 이런 것이라는 표본이 되는 사람, 존경심을 부르는 사람. **검은색 분위기 미인**입니다.

여자가 봐도 예쁜 여자들

초판 1쇄 인쇄일 2021년 7월 7일 • 초판 1쇄 발행일 2021년 7월 15일
지은이 이지원
그린이 양태호
총괄기획 정도준 • 기획편집 김유진 • 편집 최희윤 • 마케팅 김현주
펴낸곳 (주)도서출판 예문 • 펴낸이 이주현
등록번호 제307-2009-48호 • 등록일 1995년 3월 22일 • 전화 02-765-2306
팩스 02-765-9306 • 홈페이지 www.yemun.co.kr

주소 서울시 강북구 솔샘로67길 62 코리아나빌딩 904호